禪的世界。

聖嚴法師 著

自序

在本書之前，我曾出版過類似的三冊書：《禪的生活》、《拈花微笑》、《禪與悟》，都跟禪修的方法及禪修的觀念有關，先後十年以來，頗受許多讀者的喜愛。這也反映出禪修的風氣，已在海內外的華人社會，漸漸地推展開來，深感欣慰。

以美國為例，禪修曾經成為一時的風尚，知識分子學禪坐，大學生學禪坐，許多的中學也以正式的課程，教授青少年學生打坐。那是因為美國的社會情況穩定，經濟成長正常，故在物質生活之外，便將追求精神領域的開發，做為他們的生活目標。

有關禪修的書籍，今天能受到我國各界人士的重視，相信也跟國內的社會結構及經濟開發有關，所以我能連連出書，也為我們的國家，備感高興。

本書共收文稿二十九篇，長的約一萬餘字，短的二、三千字，多是從我在國內外東、西兩半球的演講錄音整理出來，也多曾在《人生》及《法鼓》等刊物發表。我很感謝那些為我整理錄音帶的僧俗弟子，如果不是他們已把稿件寫出，我是不可能將之撰寫成書的。

不過，我的演講用語及其組織，距離文章的要求，是相當遠的，弟子們費心整理出來的講稿，多半雖曾經我過目，卻也多半未能多花時間親自予以潤色補充。這趟我於一九九三年十月十四日來美之時，由東初出版社的叢書執行編輯劉德如博士，將她蒐集到的一大包稿件交給我隨身帶到了紐約，一直置於案頭，總是無暇伸手去碰它們。

到了十二月十二日，我才下了決心，將這包稿件細心閱讀一遍，然後逐篇、逐句、逐字，給予刪修增訂。往往一篇四、五千字的稿子，也要花我四、五個小時的修改，幾乎有百分之二十到百分之八十的文句，都是重新寫過。僅有少數幾篇，文字頗為通順，雖然不太像是我的文章，也讓它們保留了原樣。

本書的各篇之間，只有思想與目標的統一性，並沒有篇與篇之間的連貫性；可以連續逐篇地讀完，也可以單篇前後地抽讀。正因為本書所收各篇，是在各地不同的場合講出，每篇各有其特色，但是也有若干資料內容，在全書的各篇之中，重複出現了一至兩次，以保持各自成篇的完整性。

本書的內容性質，是以禪法的觀念及禪修的方法，通過深入的體驗及簡明的介紹，推廣到人間的現實生活中來，以期使得不論年齡性別、職業層次、教育程度的社會大眾，都能分享得到禪法的利益。若能定時禪修者，本書中提供了基本的禪坐方法；若是忙碌異常的人士，也不妨試著用本書中介紹的禪修觀念，調整自我、消融自我。從三分鐘的放鬆身心，到平常日用中的照顧身心，更見簡便實用的禪修方便。

本書的目的，是通過禪法的功能，來推動心靈環保、生活環保、自然環保，以期實現法鼓山的理念：「提昇人的品質，建設人間淨土。」

本書是我近十年來，在世界各地弘揚禪法的實錄和縮影；讀完本書，也等於陪著我做了幾年護法、聞法、學法的努力。其實，除了無法感受到臨場的氣氛之外，本書各篇的內容，都比講出之時更加明朗與充實。這也正是我要在繁忙中，抽出十天的時間，夜以繼日地親自修訂改寫的主要原因，為了對我自己的演講負責，心血的投入還是值得。

最後要謝謝數年來各地方的善友們給了我演講的機會。謝謝尤果會、盧果乘等幾位居士為我謄稿，姚果莊居士在這十天之間，不眠不休，以驚人的抄寫速度及校閱速度，完成了本書的清稿。當然，青年名畫家陳永模在百忙中，為我作畫，使本書增光；東初出版社的代主任果在沙彌尼、主編潘果崧、美編許榮發及叢書編輯張敏琪等人，都為本書的出版奉獻良多，一併在此申謝。

一九九四年元月，我將書稿帶回臺北，四月十七日自序於農禪寺

目錄

003 自序
011 禪坐的基礎方法
023 四念處
030 日常生活中的四念處觀
036 禪修方法的演變
050 禪是什麼
061 禪的智慧
076 智慧與福報
088 禪——自我的提昇
100 禪——自我的消融

113 禪與人生
123 禪與生活
134 禪的心靈環保
146 禪的知與行
161 禪與藝術
171 生命的圓融
182 生命與時空
195 理性與感性
225 提得起・放得下
236 提起與放下
252 無常與無我
259 提昇人品的佛教
272 積極的人生觀

289 現代佛教與生活
309 現代佛教青年應有之人生觀
311 人心清淨・環境清淨
317 綠化大地・淨化人間
326 從佛教看我們的居住環境
345 人間淨土
357 附錄：聖嚴法師談「禪的知與行」

禪坐的基礎方法

一、如何使用方法

（一）放鬆身體

1. 頭部

(1) 眼睛不用力就是放輕鬆，無論是睜眼或閉眼，不用眼球看，不用眼珠想。

(2) 臉部肌肉鬆弛，從心裡有股安定的喜悅生起，表現在臉上，有鬆弛的感覺。如果臉部的表情僵硬或者拉長臉，乃至於故意假裝笑臉的樣子，都是緊張而非放鬆。為什麼會緊張呢？例如：恐懼、憂慮、動腦，或用腦過度、興奮、得意。若能心平氣和，就不會緊張。

(3) 頭不緊張，特別是前額。腦門要放輕鬆，不用頭腦想或注意，而是以輕輕鬆鬆的態度數呼吸。

2. 身上肌肉、關節、神經、骨骼，要全部放鬆，除了臀部有重量的感覺以外，沒有其他地方覺得有重量，任何地方都是非常地輕鬆。

3. 腰挺直以後，小腹放鬆，腰也沒有緊張或有重量的感覺。

(二) 用方法的目的

用功打坐是能將心中的妄想雜念沉澱下來，一心一意地用方法。什麼是方法呢？就是能使我們身心放鬆、安定，妄念漸漸減少。什麼是妄念？就是胡思亂想或是雜念。例如：不要想的事情偏偏在想；不希望出現的念頭又不聽使喚地出現；念頭混亂不統一，這就是妄想。要達到沒有妄想雜念確實不易，因此必須使用方法。第一，注意鼻孔呼吸的出入；第二，從一到十，數呼吸出入。如此用方法，心才有所寄託，雜念才會愈來愈少。

(三) 數息的方法

1. 注意呼吸：僅注意呼吸從鼻端出入的感覺而不數數目。這種注意呼吸的出入，尚會打妄想，因此須數呼吸的出入。

2. 數呼吸的出入：

(1)先感覺呼吸是從鼻孔出入。

(2)氣從鼻孔出去時，就數一個數字，吸氣時不管。

(3)當數目出來時，心念就貼在數目上，一直跟隨到第二口氣出去時，再數第二個數目；如此一口氣一口氣地數，數到十再從一數起。

(4)數呼吸時不要經常去注意呼吸。僅僅是在呼吸時，知道鼻孔有氣息的出入，然後就不注意鼻孔，而將注意力轉移到數目上，將心念貼在數目上。

(5)數數目時，可以有聲音的想像，不可有數目「字」的形象。

(6)不用頭腦很緊張地數數目，而是用「有心無心」的心去數。

(四) 數息易犯的毛病

1. 不易數好。

2. 有些人數不到幾個數字，數目就數亂了，甚至數忘了。

3. 有些人數超過十還不知道已經數過頭了。

凡是類似以上情況者，須從「一」再數起。

4. 數呼吸時，產生胸悶、頭痛，其主要原因是：

(1)用頭腦想。

(2)呼吸忽長忽短。

(3)控制呼吸的速度（快、慢），以防雜念出現。

(4)閉氣。

(5)腹部肌肉緊張。

（五）數息的益處

1. 數息安心。

2. 數息去妄念。

3. 數息能逐漸將雜念、妄想、散心很快地平靜、安定、穩定下來。

4. 數息能使心一片清淨、明朗。

（六）對初學者的忠告

1. 不可好高騖遠、起貪心，不可希望一下子就沒有妄想、雜念。
2. 必須付出耐心練習相當長的時間，才能將混亂的心安定下來。

（七）數數念佛

1. 念佛時不注意呼吸及其他任何事物，只注意自己在念佛。
2. 念一句佛號，數一個數目：南無阿彌陀佛一、南無阿彌陀佛二、南無阿彌陀佛三，……南無阿彌陀佛十，再從南無阿彌陀佛一念起、數起。
3. 數數念佛時，會依然伴隨著妄念，沒有關係，知有妄想是正常，不跟妄想跑就好。
4. 心不要急躁，一發覺有妄念，趕快將注意力放在念佛的數目上。
5. 頭腦裡不要出現數目「字」的形象，但可以有默念佛號及數數目的聲音。

（八）何以要數數念佛

1. 佛號單純易念，不似數息複雜。

身體在那裡
心就在那裏
身體做什
麼心就做什
麼手在做
什麼腳在
那裏你的
心就在那
裏身心不
可分離
聖嚴法師語錄
永楨作

2. 數息時，若控制呼吸，則會產生胸悶、頭痛的現象，數數念佛不注意呼吸，所以沒有這種問題。

3. 一般人的心較混亂，可以一方面念佛，另一方面胡思亂想，易於養成散亂心念佛。若數數念佛則較易發現妄念。但是如果和數息比較，則數息又較數數念佛，更易於察覺到妄想雜念的浮動。

所以不會數息，又感覺到數息數得很痛苦的人，可以改用數數念佛的方式；否則，還是以數息方法較好。

二、如何處理打坐引起的身心反應

打坐時，身體上一定會有不舒服的感覺，能不注意它是最好的辦法。背痛或許是感冒引起，腿痛、腿痲、腿痠，乃練習不足之故。腰痠、頸痛等，都是正常的現象，最好不要管它，如果沒有辦法不管時，可以輕輕地動一下，但不可有太大的動作，更不能時常移動身體，否則是愈動愈痛，造成心裡不安。因此，要隨時練習著注意方法，而不管身體上的感覺。方法就是上面所提的：放鬆身體、放鬆頭部、數呼吸或數數念佛。這些方法用上力，就沒有身體不舒服的感覺來擾亂你打坐了。

三、日常生活中如何禪修

（一）身心合一

身體在哪裡，心就在哪裡；身體在做什麼，心就在做什麼；手在做什麼，腳在哪裡，你的心就在哪裡——身心不可分離，身心一致。例如：

1. 在廚房中燒水、挑水、揀菜、切菜、洗菜，心就放在動作上，心中不起其他念頭。

2. 如果在炒菜，手在動，心也要專心地在炒菜，頭腦裡沒有其他的雜念。

3. 如果餵小孩食物、飲料，則一心一意地只想到餵小孩牛乳等食品，而沒有其他的念頭。自己的頭腦非常地清楚、輕鬆、愉快。

先計畫知道要做什麼，如果已經計畫好的事情，在做的時候就不須用頭腦想了，特別是在平常生活之中，有些是經常性的動作，譬如：漱口、刷牙、刮鬍子、洗臉、穿衣服等動作，不知做過多少次了，就不必用腦思考。但是要思考的事就必須思考，若不須思考之事則不必用腦想了再做。

往往有些慣性的動作，不須加以思考，一般人就胡思亂想地想其他的事。其實根本不用亂想，只要很清楚地知道自己在做什麼。譬如：掃地時，一掃把一掃把地掃，而且掃得很清楚，洗碗筷、吃飯等都應如此。

但是，第一次做的動作或處理事情，或者是對動作及事情根本不熟悉，首先必須思考，然後再想一想怎麼做。正在做的時候，如果不清楚時，還是要想。這樣就不會動妄念，而且是一心一意地在做工作。

例如：一位母親剪了一株花拿在手上，思考著如何將花插在什麼位置較適宜，然後再小心翼翼地插好，在此過程中就是心無二念，不是在打妄念。反之，如果對剪花、插花的動作太習慣，結果手上拿了花，心裡卻在想著：「小孩在那邊做什麼？嗯！奇怪呀！為什麼他那麼安靜，到底他在幹什麼？咦！小孩在動了，他走路的聲音為什麼那麼地響呢？」請問這是不是妄念呢？是妄念。所以做任何一件事，均應將心放在那件事情上，心為那件事在做，就是正念而非妄念。

因此，要經常保持身體的動作和心的念頭在合一的狀態。

（二）心口一致

譬如：我正在說話，一句接一句地講給你們聽，結果我腦中卻又在想另外一件事，請問我是不是會語無倫次？當然會，因為口說心想，根本是兩回事。如果正在講這一句話，結果心裡在想剛才講的第一句、第二句話，這也就是在胡思亂想。

因此，說一句話就是這一句話，說什麼事，就是什麼事，很清楚地知道自己在說什麼；講完一句，下一句話自然出來，不過在講話以前，先考慮要說些什麼，不是想講什麼就隨便脫口而出，那就變成胡說八道，根本不知道自己在講什麼；或許也沒什麼話可講，就是想用嘴巴不停地講，這就是妄想，不是心口一致。

心口一致必然知道自己要講什麼？表達出來以後也是清清楚楚的，這是修行人對自己身體的動作、語言的行為，都了解得清清楚楚，如此就不會做錯事、說錯話了。

（三）心眼一如

胡思亂想的人可從其眼神窺見，因為眼神飄忽不定，心中無主。不知看什麼，表面上好像什麼都看，事實上沒有集中焦點的對象，更不明白自己的眼睛為什麼要看，就是不知道將眼睛定在何處，只是腦中的思想不斷地動，所以眼神也似幽浮般地飄動。因此之故，可從人的眼神中，觀察出此人是否思想集中、穩定。

在日常生活之中，要對自己的任何一個動作全部負責，也就是「一步一個坑」，腳踏實地，步步為營。走路步步為營，講話也是步步為營，任何動作都該步步為營。不是雜亂無章，不是東一榔頭西一槌，而是要身心合一、心口合一。

少一些妄想，加一點正念，則智慧日增，可開慧眼。慧眼開了，必然是煩惱和困擾的消除。唯有心得穩定，才能減少煩惱。唯有練習身心合一、心口一致，則心中的煩惱必然日減。當外在的境界擾亂時，你只要注意自己心裡在想什麼？眼睛在看什麼？耳朵在聽什麼？如此，注意觀看、聽聞等，煩惱就不存在，結果是該聽的聽到，該看的也看到。

譬如：對方打來一拳，如果注意對方打出來的動作以及自己被打的感覺，那麼心裡就不會起煩惱。如果聽到別人罵你，清清楚楚地聽到聲音在罵，也知道自己是被罵的人，這時心中沒有煩惱。但是如果你心中起了波浪——我為什麼被罵？他為什麼打我？如此想的話，煩惱一定會展現出來，因為注意對方的緣故。

反之，清清楚楚地注意自己的心念，則煩惱必定不存在。

（一九九三年十月十日農禪寺禪坐會開示）

四念處

四念處是一種很複雜、很不容易修的修行方法，與五停心——即數息、不淨、慈心、界方便、因緣等五門有密切的關係。現在概略地介紹四念處。

佛經上記載，在釋迦牟尼佛即將入涅槃的時候，阿難強忍住悲痛，請佛就未來佛法的弘傳，開示最後的遺教。釋迦牟尼佛咐囑阿難四件事：其一，在日後結集佛法經典之時，每一部經的經文皆以「如是我聞」為起始，表示這是由佛陀親口宣說，阿難親聞。其二，以戒律為師。其三，依四念處行道。其四，對於犯戒而不受勸告的比丘，用默擯、不理睬他的方式，讓他心生悔意，自行歸善。由此可知，四念處是佛陀教法中很基本而重要的一個方法。

五停心和四念處密切相關。就禪觀次第言，五停心屬於奢摩他，是止；四念處屬於毘婆舍那，即觀。五停心最主要的作用，是針對散心和亂心的人，使他們能夠循著方法把心集中起來，漸漸地達到定的程度。修五停心得定以後，立即從定出來，用有漏智慧觀察四念處的身、受、心、法，一直觀想，進而達到發無漏慧、出三界的目的。最主要的差別在於修五停心可以得定，但不能開悟，在定中心亦無法修；必須是得定之後，從定出，以有漏慧來修四念處，從四念處發無漏慧。有定有止，再修觀，從觀發慧，這個與天台宗所講的止觀均等不同。如果不得定便修四念處，或是修五停心得定後許久，定力退失，才修四念處，都是不對的。

什麼是四念處呢？四念處就是身、受、心、法四種觀想。身，就是我們的身體；受，是我們的身體對外界種種接觸刺激的感受；心是對於受所產生的反應、執著；法是身、受、心所產生的一切。就個人來說，身、受、心本身就是法，身、受、心之外沒有法。除此，凡因緣所生的，皆是法。

用這四種的觀想法，觀身不淨、觀受是苦、觀心無常、觀法無我，是為了要對治四種顛倒的錯認和執著。四種顛倒即是淨——清淨的淨，樂——快樂的樂，常——永恆的常，我——我為中心。由於有這四種顛倒，所以不能出三界，所以沉淪流轉在生死中。四種顛倒裡的根本法是「我」，因為「我」，而錯認存在是常的、永恆的。永恆感從哪裡來呢？從接受而來，受從哪裡來？受從身體而來，身體是物質的，心是精神的，但是精神不離物質而作用，身受心動，身心的感受加起來，就成了我，這是小我。從物質界小我的身體，到禪定中有定的感受的大我、大身，都假想以為恆常，執著以為有我。修四念處，正可以破四顛倒，出三界。

（一）觀身不淨

觀察我們的身體，用「觀」的方法來觀它。在一般的說法裡，此處往往解釋的和五停心的不淨觀一樣。但是我認為，如果是不淨觀，就是尚在五停心的階段了，所以應該不是不淨觀。若從《俱舍論》來看，它不是重視於身體的不淨；換句話說，不是身體很髒、很臭的那個不淨，而是煩惱的根源叫作不淨。觀「身是煩惱根」，所以不清淨。

（二）觀受是苦

通常，人對於身體的諸受，誤認為是樂、是清淨，這種顛倒想所導致的，就是寶愛這個身體。每個人都貪愛自己的身體，誰不貪愛自己的身體呢？割捨自身的一塊肉拿去給狗打牙祭去，沒有這樣的事。觀受是苦與觀身不淨是連帶的，因觀身不淨，而觀察到身體所帶來的並不是好事，都是麻煩事、不清淨的事，所謂不清淨，指的是煩惱的根源，製造罪業、生死的根源。一般的人把身體當作淨、把感受當作樂來看，根本沒有想到它是生死的根源。

我們為什麼會喜歡這個身體的種種呢？有時肚子餓了，吃的時候，吃得很飽，很舒服；口渴了，喝水的時候，喝得好舒服；累了，上床睡一覺，睡得好舒服；熱的時候，有涼風徐徐吹來，吹得好舒服；戀愛的時候，親密地擁抱，也覺得好舒服……。做舒服的事，感覺身體很可愛，於是起顛倒想，以為身體是受樂的根本。痛苦的時候是有的，但不會記得住，只記得好的，所以會對身體產生執著。

很多人不能認同佛教講苦，他所感覺到的都是樂。但若深入地分析、觀照下去，就會發現，所有一切的樂，都是苦的因素，都是帶來苦的原因；而苦是沒有止境的，樂是非常有限的。這一生的苦，連續到未來生的苦，即便是這一生，到最後，此身還是會死亡、會敗壞，結果還是苦。所以說有受皆苦，「樂」不過是一個假象。因現象的本質是無常，無常故苦。

（三）觀心無常

心是什麼？前面已提及，心是從身體的感受，而產生的反應和執著。我們的心，念念不停地跟著所有的受在變化。既然是剎那不斷地改變著，這心當然是無常的。可是，一般人總認為心是永恆的，譬如：男女間的山盟海誓，海可以枯，石可以爛，我們的心永遠不變……之類的，此即「常心」。

執著我們的心是恆常的，這種幻覺，是因為不能觀照到心念的變化。所以錯認昨天想任何事的，是我的心；在三年前、十年前、五十年以前，那個動腦筋在想的，也是我的心；身體也許變了，我的心沒有變，環境變了，我的心沒有變。其實，不是我的心在動，是我的念頭在動。他無法想到心之所以為心，實際上，是一個念頭、一個念頭間的連鎖、連結，不能如是觀察，則會愚癡、固執地想像成是同一個人的心，在不同的時間，想著不一樣的事。其實心念剎那變異，本是無常。

（四）觀法無我

對於身、受、心三個項目，我們如果從身觀察起，身、受、心之間的關係並不是一成不變的，而是隨時都在交互變化。既然是能夠變化的，當然不是常的，既然是可以變化的，裡頭有沒有「我」呢？如果能夠變化的是我，那在變化的過程中，究竟「我」在哪裡？所以一切法，不管是心法或是色法，無一不是因緣和合的暫時顯現。暫時顯現其間，每一點每一點連綴起來，便成為一樁事。從時間上看，是一個過程，從空間上看，是一個集合體，可是這種集合體仍然持續在變，過程也不斷在變。「我」在哪裡呢？哪個是我呢？身體是我嗎？心是我嗎？接受的「受」是我嗎？通常認為，身體是我，我在接受，我在想，所以身、受、心通通是我。但把這些東西放在空間、時間上來看，就只是因緣的結合、因果的關係，「我」是不存在的。

用什麼來觀身、受、心、法？用慧。在什麼時候來看？在得到五停心的定以後。停於定，止於定時，心根本不動。若得定以後，心能夠動，這不叫念頭，叫慧，是很清楚的觀照。

以慧來觀身、受、心、法的時候，這個慧本身有被它所觀的對象。如果觀一觀又停掉，不能持續地一直觀下去、觀完成，那是代表剛剛開始用功的階段。可是漸漸修觀，先觀身，觀身能夠不斷，再觀受；觀受能夠不斷，觀心，又能不斷，三種連起來觀，一氣不斷，此即四念處觀成，進入世第一位，已在得阿羅漢果、出三界前的階段了。

四念處的進程分成四個層次，即煖、頂、忍、世第一位，並要配合十六行，即十六特勝來修，所以觀成是非常不容易的。所謂十六特勝，它的目的是要證四聖諦：知苦、斷集、證滅、修道。四聖諦怎麼修呢？就是從四念處而修。在觀四念處的時候，把四聖諦加進去一起觀，四聖諦每一諦中有四行，四四一十六共十六行。

觀四念處得力，才知道四聖諦的苦諦究竟是什麼。能夠了解到苦諦的實義，才能真切地生起不退的信心，直到證四聖諦，已能每一剎那、每一剎那，都連續地、不斷地、不退地觀照明徹，而且就在觀上面不會再離開了。故證四聖諦已具無漏慧，出離三界，永斷生死。

（一九八四年六月二十日講於美國紐約東初禪寺禪修課程，蔡雅琴居士恭錄於一九九三年十二月十八日）

日常生活中的四念處觀

修五停心得成就便入定，然後出定而觀四念處，那是次第禪觀。由修定得有漏慧，再以有漏慧觀四念處，由觀四念處發無漏慧而出三界，證解脫果，這是相當花時間的修行方法，對於一般人而言，的確難得有此因緣修成四念處的觀法。

但是，在普通人的平常生活中，也不是無緣修習四念處的觀法。事實上，我在指導禪修時，常常勸勉禪眾，要時時照顧好各人自己的身心，應當：「身在哪裡，心在哪裡。」「手在做什麼，心在做什麼。」「吃飯時吃飯，睡覺時睡覺。」如能做到，則行、住、坐、臥的四大威儀，無一項、無一時、無一處不是修行。凡是一舉手、一投足，舉心動念處，全部生命的動靜運作，也都是用功辦道的場合。這就是中國禪宗祖師們所提倡「禪在平常日用中」的大道理所在。此即是將次第禪觀的四念處觀法，用於中國禪宗的微妙之處。

四念處的目的在於用觀照身、受、心、法而發無漏智慧，也就是禪宗六祖的「即慧之時定在慧」。即定即慧，即慧即定，實則重於慧解脫，所以強調明心見性、頓悟成佛，這都是無漏慧的功能。大悟徹底，便得五分法身，名為涅槃妙心，又名正法眼藏。由此可知中國禪宗的禪修特色，無異就是四念處觀的日用化與普遍化，把高難度的修行方法，轉化成或動或靜、任何時地都可靈活使用的修行方法。

我在指導禪修方法時，所用的身、受、心、法四種觀行，是比較容易練習的：

（一）觀身法

不必觀察身體的淨與不淨，但求時時明察身體的動作。從粗大的肢體動作，至關節、皮膚、頭部的五官、腦部、胸腹的五臟、腰部、臀部、四肢等的活動，從粗而細，從外而內，從大而小，從點而面，從局部而全身，逐層觀照，乃至明察秋毫，隨時隨地，都能清清楚楚。若能觀照成功，動中即是禪定。便會持平穩定，頭腦寧靜，身體康泰。

禪在平常日用中
身在那裏心在那裡手在做什麼心在做什麼
吃飯時吃飯睡覺時睡覺如能做到則行住
坐卧的四大威儀無一項無一時無一處不是脩
行凡是一舉手一投足舉心動念處全部
生命的動靜運作也都是用功辦道
的場合
從日常生活中修成四念處的觀法
四念處目的在於用觀照身受心法
而發無漏智慧禪宗六祖的即
慧之時定在慧即定即慧
即慧即定實則重於慧解
脫所以強調明心見性頓悟成佛
都是無漏慧的功能大悟大徹
便得五分法身名為涅槃妙
心又名正法眼藏
聖嚴法師語 秋槙作

（二）觀受法

受是覺受、觸受。身體的五根與外境的五塵接觸而得的心理反應：或苦或樂，或是不苦不樂，是謂觸受。身體本身的生理機能互動互用，例如：消化系統的運作、循環系統的運作、禪坐中氣脈功能的運作等，均會使你產生心理的反應，或苦或樂，或是不苦不樂，是謂覺受。此法若能觀照成功，便不會有逆境不順的煩惱心出現；因為觀察受苦受樂，苦樂本身僅僅是受，觀受是受而非苦樂，心即能夠明淨安靜，不為苦樂的觸受與覺受而影響情緒。

（三）觀心法

心念的活動，與身、受相連，一切煩惱，均以身體的五根為媒介，均以觸受與覺受為取捨，逢苦則憂、遇樂即喜，喜則生貪、憂則生瞋。平常心境不苦不樂，亦無貪瞋，似非煩惱，實則因其無記，即是愚癡。故「心」的內容，包含了苦、樂、憂、喜、捨的五受，也具足了貪、瞋、癡三毒的全部。如何觀心？即是向起心動念處用功，觀照每一個念起念滅處，究竟是在想些什麼？心相如何？心情如何？每一念的相應處，究竟是跟五受的哪幾受有關？又跟三毒的哪幾毒相連？觀心之時，不是不許心念活動，而是明察心念在做什麼。此觀若能修成，性格必可穩定，智慧也會出現。觀心之時，覺察念念生滅，生滅之中，沒有永恆的心相可見，即能親見無常的真理，也就能夠從厭離煩惱而轉化為享受無常即無我的生活了。

（四）觀法法

法的內容，是指色法及心法。色法的物質現象，主要是指生理的肉體事實；心法的心理活動，主要是一切語言、文字、形象等符號印象，在心中留下的種種思想、觀念、分別、執著。常人均將自己的價值觀，視為生命的重心，若用此方法，加以觀照，便是在群魔亂舞的場面，遇到了照妖鏡，即原形畢露，無處逃遁。一切的思想、觀念、分別、執著，均是從心相、身相、物相產生的印象及符號，既然已用觀身、觀受、觀心等方法，照見那些現象均非永恆的實法，當然也就沒有實我、常我、真我可求了，故將此法觀成，當下即證無我的實相無相。

如以上所說，似乎還是不易修學。其實初學的人，宜從某一個特定的動作或觸受開始觀照。例如：拜佛時，觀照拜的動作是觀身，觀照拜的肢體覺觸是觀受，觀照所受的心念反應是觀心，觀照心念反應的情況是觀法。又如：經行時，觀照腳步的動作是觀身，觀照經行時肢體的覺觸是觀受，觀照所受的心念反應是觀心，觀照心念反應的情況——有執著無執著等是觀法。以此類推，在日常生活的隨時隨處，只要有舉手投足的動作處，有身心的任何反應時，均可練習四念處的禪觀法門了。

（一九九三年十二月二十二日撰於美國紐約東初禪寺）

禪修方法的演變

禪的修行方法可分為三個階段：

第一個階段，是在六祖惠能以前。

第二個階段，是在六祖惠能以後的兩百五十年之間。

第三個階段，是在五代宋初起至明、清之間。

一、菩提達摩的禪修方法

六祖以前，菩提達摩即把禪法介紹到了中國來。菩提達摩所介紹的修行方法，有一篇文獻〈二入四行〉中有記載，分為二部分：「理入」及「行入」。

「理入」，不用理論，也不用方法，只是教人：心不要有念頭，心就如同牆一樣。也因此傳說菩提達摩在嵩山面壁九年。牆是不動的，但你可以在牆上掛東西，你可以在牆上寫、在牆上畫。也可以說，心可以有反應，只是它本身是不受外境所動的。

菩提達摩又說了四種修行的方法，稱為「行入」：

（一）報冤行：當你遇到不如意事時，不要抱怨，因為那是過去世所作的因而得的果報。

（二）隨緣行：當你感到幸運、順利時，不必太歡喜。那是由於過去世中自己的努力，以及現在眾多的助緣而得的成果。

（三）無所求行：做任何事並非為了目的而做，只是為工作而工作，為修行而修行。

（四）稱法行：應該怎麼做就怎麼做，能夠怎麼做就怎麼做，不是有主觀的想做或不想做什麼。

現在來介紹惠能以前的二位祖師。一是四祖道信，另一位是五祖弘忍。今天不介紹他們本身，只介紹他們的修行方法。

二、四祖道信的禪修方法

四祖道信的〈入道安心要方便門〉告訴我們：若是剛學打坐的人，應選一個安靜的地方，衣服要寬鬆，並要有正確的坐姿，也就是要把全身的肌肉、神經放鬆。開始時，身心沒辦法放鬆弛，因此我在教人禪修時，教人需要以手按摩來幫助放鬆，然後深呼吸，以驅出體內的濁氣，吸入新鮮空氣，使頭腦更清醒，心保持平靜，注意呼吸的出入。心不急，念頭愈來愈少，頭腦愈來愈清楚，這時，你的心會由雜亂、不平衡而漸漸平靜下來。

凡是打坐，身心都會有反應。這些反應會擾亂你繼續努力，阻礙你修行到更好的情況。所以四祖說的修行方法是要放下身心，不管身心的任何反應。

這樣以後，有二種情況可能會發生：一是入定，即是心念統一；另一是身心和外在的環境統一。一般人說這種情形是解脫或開悟。事實上，並沒有開悟，只是前念與後念之間保持著穩定的狀態，集中在一個點上。因此四祖說：要「內外空淨，即心性寂滅」。不但環境空、身空、雜念空，連統一的一念心也要空。

這是由打坐進入定境，然後再從「捨下」定境的層次，進入禪法的悟境。

靜坐、禪定與禪的內容大有不同。靜坐的層次，只能使你身體鬆弛，頭腦輕安；禪定的層次能使你達到身心統一，最高的境界則是前念與後念，念念統一，但不能把自我中心的念頭放棄。而在禪的境界，是要放棄定境後，無我的智慧自然出現。

三、五祖弘忍的禪修方法

再談五祖弘忍的禪坐方法。在他的〈修心要論〉（即〈最上乘論〉）中說：剛學坐禪的人，應依據《觀無量壽經》中的十六種修行觀法之第一種，叫作「日沒觀」。在太陽快下山時，光線柔和最宜作落日觀。五祖的〈修心要論〉云：「端坐正念，閉目合口，心前平視，隨意近遠，作一日想，守真心，念念莫住。」《觀無量壽經》的原文則云：「有目之徒皆見日沒，當起想念，正坐西向，諦觀於日，令心堅住。」五祖的意思是說：心裡觀想著在平視線外，有一輪落日光景的太陽。太陽可遠可近，繼續觀想著，不要離開那太陽，漸漸地，你便忘了自己，你的心中只有落日時分的太陽。如此的落日觀，開始還很清楚有一日輪，慢慢地，太陽可能不見了，而只有落日之光，連你自己也與落日之光合而為一，沒有身體，沒有心，好像整個宇宙都化成了落日之光的世界。這種方法很有用，只要浸淫在落日的光裡，則這可以使你修成「落日三昧」。

五祖弘忍又說：夜間打坐時，可能見到種種善惡境界，也可能見到青、黃、赤、白等種種光，甚至會發現自己的身體變成很大的光，或見如來身相在你面前出現，或見種種變化，凡此種種似乎都是好的現象。如果只是靜坐、誦念經咒，或禮拜諸佛菩薩，這的確是很好的瑞相。

但是五祖弘忍，卻把這些境界，要我們習禪的人，當成妄想境。他說：當這些境界的出現或變化時，應該「但知攝心莫著，並皆是空」。應當立即收起你的攀緣心，不能把念頭執著、沉迷於這些境界中，且告訴自己：這些都是幻覺，都是空的。他還舉了四句經證：「十方國土，皆如虛空，三界虛幻，唯是一心作。」也即是：十方諸佛國土，及十方的一切凡夫世界，不外乎是唯心所現，心外既然無物、無法、無境界，尚有什麼善惡境界可取可著的呢？

為什麼有虛幻？乃因心理出現了意識。這意識可分為二種：一是使我們的心在造種種因，而產生反應的意識；另一種是心在想像，而產生的反應。

由此可知弘忍的修行方法，是從「觀」入手，而所得的種種反應，不管是身相或是心相，都認為是虛妄的。這才能獲得禪的智慧，也就是解脫的境界。

四、六祖惠能的禪修方法

六祖的修行，是沒有方法的方法，只以某種方式表現，可能以故事來表達，也有以理論來表現。

惠能自五祖弘忍處得了衣缽，傳承禪法後，立即受五祖指示而逃往嶺南，五祖的其他弟子們覬覦衣缽久矣，因此立刻去追趕，其中有陳惠明者，原為四品將軍，頭一個追上了惠能。惠能便將衣缽放在石上，隱身入草莽中。惠明提不動，乃呼喚云：「我為法來，不為衣缽來。」惠能自草叢中出，而對惠明說：「你既為法來，若依我所說，即可得法；請先屏息諸緣，不思善、不思惡，正當此時，找找你的本來真面目何在？」所謂本來真面目，就是佛性、真如、悟境、菩提、無我的自在、解脫的境域。

這位將軍果依惠能所說去行，卻發現他遍尋不著他所要找的。也可以說，他丟了所有的東西（我執），也得到他所要找的悟境了。

最最要緊的不是要得到什麼，而是能丟掉自我的煩惱。惠明丟了善與惡的種種分別執著，也就是在放下自我判斷、自我中心的價值之時，便能見到本來真面目。這方法很簡單，不須打坐，不須修行，就能得到智慧。因此很多人喜歡這種六祖所教的修行方法。唯想找到入門，也不簡單。

《六祖壇經》說：「我此法門，以定慧為本，大眾勿迷，言定慧別……，即慧之時定在慧，即定之時慧在定。」定就是慧，慧就是定，如果得了真智慧，你就已經在定中。所謂定，就是心不動；所謂慧，就是心中無物，卻仍舊能對內外境界觀照分明。事實上，心中什麼都沒有，就是真正的定；若能如實反映萬物，便是真正的慧。

綜合六祖的禪修法門，只有三個名詞，就是「無念」、「無住」、「無相」。也可以說整部《六祖壇經》的心肝，用這三個名詞，就可以概括了。

所謂「無念」，就是面對內外善惡境界之時，心中不起一絲波動。外境是我們身外的環境；內境是心內的意識活動，就是我們的思想、觀念、記憶、想像。如果我們的心，能不受外境和內境所動，這時心中雖然還有反應活動，但已不起煩惱念頭，那便是智慧的現前。

「無住」這名詞，原出自《金剛經》。六祖惠能之所以開悟，就是聽到了

《金剛經》中「應無所住而生其心」的經句。「住」是執著之意，因為人在尚未解脫之時，心便執著於自我中心及自我價值的判斷。解脫後的人，心就沒有自己一定要堅持的立場了，只有隨順因緣境界本身的事實而做適如其分的因應。也就是說，開悟後的人，或已得解脫慧的人，他雖不給自己一個定點、定位、定向，卻能為了利益眾生而活用無窮，所以他絕不等於石頭、枯木。

若以「無念」、「無住」的智者立場，來看這世界的任何現象，無一不是虛妄、不實、幻有的，所以下面另外還有一個名詞，叫作「無相」。

只有真正親自經驗到世界一切現象都是虛妄的人，才能得到真正的智慧、真正的解脫、真正的沒有自我中心所衍生的痲煩。

所謂「無相」，即是《金剛經》所示的無我相、無人相、無眾生相、無壽者相，「壽者」就是生命的現象。這四種相中，前三者是「我」的空間現象，最後一種是「我」的時間過程。也就是說，若能超越時間、空間的現象，眾生的「自我」，便成為空，那才是智慧，那才是真正的悟境。悟什麼？即是證悟「凡所有相，皆是虛妄」，便能解脫自我作繭式的塵勞網，也才能真正地發現：原來無一處、無一時不是諸佛的自由世界。

不管我們有沒有成佛，到了此時，我們已沒辦法否定自己是佛，也沒辦法拒絕自己是佛。可惜在未到無相現前之時，仍不知道自己是佛。故六祖惠能教我們：要用「不思善、不思惡」的方法，便能無念，就能發現眾生即是佛。《華嚴經》所謂「心佛及眾生，是三無差別」的境界，僅在一念之間，便能體驗。

六祖的這種方法，就是頓悟法門，隨時隨地，只要做到「不思善、不思惡」，即能「無念」、「無住」、「無相」，而體驗到六祖大師所說的境界。

五、六祖惠能以後的禪修方法

六祖惠能之後的二百五十年中，禪機盛行，從惠能弟子群，到第四傳趙州、黃檗、溈山，第五傳臨濟、仰山、德山等，皆用這種頓悟法門，令許多人開悟。所謂禪機，便是禪師們靈活運用棒喝、豎拂、揚眉、張目、示圓相、反詰語等手段，應機而使弟子放下我執，進入悟境。但是後來的人，就沒辦法不用某種固定的方法而開悟了。故而有參「公案」、看「話頭」的方法出現。這些公案的發生，便是禪機的故事，但在禪機盛行時代，無人重複來用它們，故不必參公案，嗣後有人重複追詢那些開悟的案例而開悟，即是形成參公案的方法了。

我們從禪門的文獻知道，最早將禪的公案編輯成冊的，是在西元第十及十一世紀，那便是汾陽的《先賢一百則》，使用集子內的故事來發疑問：「為什麼祖師們如此這般一番，就開悟了？」這樣不斷地反覆問下去，就叫作參公案。

六、南泉斬貓的公案

最有名的公案，是百丈的弟子南泉普願，有一天自外返回寺院，看到東、西兩班寺僧正在爭論，為的是搶奪一隻貓。南泉問明緣由，即欲以刀將貓斬成兩半平分。他舉刀說：「如果沒有人能回答我的問題，或答不對，我就要斬貓；若有人回答對了，就不殺貓了。」結果沒有人回應，因此南泉將貓斬了！

這時南泉的弟子趙州從諗，自外回來，就問和尚為何殺貓？南泉告以經過情形，這弟子趙州，一言不發，便脫下鞋子放在頭頂走了。南泉嘆道：「你若早來，貓兒就得救了！」這究竟是怎麼一回事，只有南泉與他的弟子趙州知道。當時沒有人知道，後來的人也不知道。如果你想不斷地追問你自己：「為什麼會發生這麼奇怪的故事？」反覆地盯住這個問題發問，就叫作「參公案」。

公案本身有它的原因，但無一定的意義，故不能解釋它，稱為不可思議。如果你以常人的思惟方式去解釋它，那你就永遠也開不了悟囉！所以說參公案不是猜測揣摩，不是用頭腦推敲思索，不能用常識及佛學的知識來解釋它。

當我在日本時，跟一位日本禪師伴鐵牛老師打禪七，當時我已修得博士學位，就聽說有高度知識的人很難開悟。事實上，不是知識有礙開悟，只是參公案時，要擺下一切知識、學問，只用方法去參，而非以邏輯推理，或知識學問來解釋它。

七、如何參公案

我教人用這方法時，常以皮球為喻。球裡面是什麼？要問：「究竟它裡面是什麼？」不可以用刀剖開，不得以槌子打破它，只是不斷地問：「這裡面是什麼？」發問的目的，是在使你的頭腦中，所有的主見、思惟、念頭，無暇旁用，一路問下去，你的自我執著就消失了，你的智慧就會出現了。

所以參公案不是解釋它。許多人為解釋公案，而出了很多書，那都只是在解釋，而非在參，對悟境是不相干的。

公案可以解釋嗎？可以的，但是對於禪修的功能而言，沒有作用，何況公案也有定式，拿定式來套，就可以分析解釋得清清楚楚。

公案是否每個人立即都可用，而且一開始即可用得上力？不是。尤其心裡散漫混亂的人，更不可以用這方法，用了也等於念公案，倒不如數息或念佛的好。

八、長蘆禪師的〈坐禪儀〉

到了西元十二世紀，中國有位叫作長蘆宗賾的禪師，寫了一篇〈坐禪儀〉，日本的道元禪師，依據它寫了一篇〈普勸坐禪儀〉，以靜坐為入手，而達到禪悟境界的方法。

長蘆禪師首先勉勵禪修者要起大悲願心，修行的目的，不為自己獨求解脫，是為濟度眾生而精修三昧。如果僅為自求利益，以自我中心為出發點，就不得開悟，不得解脫，因為自私心態，阻礙了開悟的道路。所以他說，唯有如此，方能「放捨諸像，休息萬事，身心一如，動靜無間」。

以自我利益為中心是主觀的；站在主觀的立場，則永遠在迷中。因為在有得失、有利害的情況下，你不可能放下身體、觀念、環境，一切都是以我為主。有自我的判斷便是不客觀的，也與無漏的智慧不相應。

捨去自我，並非否定自我，乃因為得到了更多的全部，而須放棄局限於褊狹範圍的自我。好像有人，為了保留住在小房間內的執著，而不願走出房門，那他怎麼可能得到戶外更大的空間呢？

我們現在介紹長蘆禪師的打坐方法：要「量其飲食，不多不少」；「調其睡眠，不節不恣」；「欲坐禪時，於閑靜處」，坐上舒適厚軟的坐墊，衣服要寬，腰帶宜鬆。能盤腿最好，至少單盤。右掌疊在左掌之下，兩手拇指互相接觸，然後把手放在腿上，就不要再去管你的手了，此時肩膀放鬆。

現在檢查一下你的姿勢及身體狀況，不要太緊張了，坐姿要端正，不可左傾右側，前弓後仰。要頭頂向上，下巴內收，兩唇輕攏，牙齒輕扣，舌尖頂著上齶處，眼微睜，視線自然落在正前方一尺外地面的某一點，就這樣坐下去。身相既定，即調呼吸；氣息既調，然後放鬆小腹。「一切善惡都莫思量，念起即覺，覺之即失，久久忘緣，自成一片」。

光注意呼吸在鼻端出入，就如平常一樣地自然；不快，也不要太慢，每分鐘大約十四至十六次呼吸為平常，即是正常，然後專心地數著呼吸，不數也沒有關係，但要保持著沒有雜亂的念頭。牢牢守住如六祖所說的「不思善，不思惡」的原則。如果念頭起來了，讓它去，不管它。慢慢地，自然而然地，妄念就愈來愈少，少至沒有了。

依照如上介紹的禪修方法打坐，才是正確的，不過，為了安全起見，最好能有老師面授。

（一九九〇年四月十九日講於美國威斯康辛大學的麥迪遜校區，王怡今居士整理）

禪是什麼

禪是什麼？正確地回答：什麼都不是，什麼也都是。

因為，凡是有形的、存在的，不管是物質的、精神的、生理的、心理的，只要是可以看到的、可以追求的、可以依靠的、可以想像的，都不是禪的本身。所以禪宗主張「不立文字」、「不可思議」。任何可以用語言、文字、符號來表達、說明的，都僅是一種現象，而不是禪的內容。禪，既非物質現象，亦非心理活動，僅可勉為其難地說：它是一種心法、一種普遍的事實。

一、既非如此亦非若彼的智慧功能

禪，起源於印度，原係一種定的修行與修行經驗。傳到中國，演化成為一個代號，代表著能在生活中活用的，既非如此的，亦非若彼的智慧功能。可以稱它是「無」，亦可名其為「空」。既然是「無」，既然是「空」，就不該是通過見、聞、覺、知，來接觸感受的現象了。

中國禪的功能，在其能使人於修行之後，達到「開悟見性」的目的。佛說一切眾生皆具佛性，人人都有成佛的可能，因此，許多人都希望悟佛知見，見到佛性。何謂「佛性」？就是空相、空性。相，指一切有形的，可用思惟或五官接觸到的現象，包括我們的生理、心理，以及身心以外的世間所包含的一切物理現象；性，則是不變的本質、一切現象的根本。佛性不是有形的存在，亦非可被描述的任何現象，但其存在於一切現象之中的任何一點。因其沒有定相，故以空為相；沒有定性，故以空為性。

這些理論，既「空」又「無」，聽來似乎落於消極，其實不然，如果真是消極的話，我不該在此與諸位結此法緣，也不應挑燈埋首地著述不輟，更不會孜孜不倦地奔波於東、西兩半球弘法利生，也不致有逾百次的演講，風塵僕僕於全美各大學府。因為相空性空，故慈悲與智慧跟一切眾生不能分割。

二、進階修行達到空無境地

如果僅僅談空、論無、說佛性，和我們的實際生活便會脫節，淪於空談，不切實際。因此，還得借助於層次的說明，由每個人現在的情況，一步步地進階，達到開悟見性的境地。因此，我們接著以層次的分析來理解禪法。

首先，我們以修行的層次來分析由「有」至「空」的三個階段：

第一個層次是尚未修行禪法，包括沒有接觸過禪法，或已知禪法而尚未開始修行的人。

第二個層次是正在修行禪法，但尚未開悟見性的人。

第三個層次是已經修行禪法，且已開悟見性的人。

現在不說第一層次，但舉第二及第三層次的例子如下：

《六祖壇經》裡有兩個眾所皆知的偈子，第一個是五祖的大弟子神秀所作：「身是菩提樹，心如明鏡台，時時勤拂拭，勿使惹塵埃。」另外一個偈子是六祖惠能所說：「菩提本無樹，明鏡亦非台，本來無一物，何處惹塵埃。」

神秀的偈子，意指我們的心就像明鏡台一樣，身則如菩提樹一般，我們應常以「持戒」清淨我們的身體，以「修定」清潔我們的心念，才能使身心不受染汙，而得清淨。身心清淨，即得解脫。所以，在沒開悟前，必須持戒、修定，常常地拂拭，清理身心。這是一個正在修行，而且是很努力地修行的人所見的層次。因此，五祖看了，便令門人焚香禮敬，照著修行，免墮惡道，得大利益。

六祖惠能的偈子，則已見「空性」，故否定了菩提樹、明鏡台等身心的存在。既沒有像菩提樹的身，也沒有像明鏡台的心，那用功又用到哪兒去呢？根本不須洗啊、擦啊、持戒啊、修定的。既然是「空」的，就是無罣無礙，哪兒來的塵埃？這才是真正的自由，真正的解脫，也是悟後見性的境界。

三、念頭的起滅即是我

禪宗論「無」，常引生誤會；事實上，就眾生而言，「無」的實證，是從「有」起修的。因此，我們接著將以「我」為題，分成三個段落來介紹說明禪法由「有」到「無」的層次。

第一個層次是認識「小我」。

不論是西方人也好，是東方人也好，若離開了「我」便無事可談了，人都是以有我為基礎的，無法驟然接受無我的觀念。可是，究竟什麼是我？就是自私。中國有句諺語：「人不為己，天誅地滅。」人不自私，根本不能生存。所以，有我的自私，並非壞事，自私而害人則是不該，但個人自私而不害人的「我」，是正常的生存條件。

一般的人，雖然有一個自私的我，可是對此自私的我，欠缺了解，自己對自己沒有辦法處理，時時發生矛盾，跟人亦常常發生衝突，以致煩惱不已，麻煩不少，常感身不由己、心不由己。那麼，究竟是由於外在的因素，使得我們身不由己及心不由己？或是自己沒有辦法主宰自己呢？由於對自己本身的自我不清楚，所以，感覺好像是有外在的力量控制著我們、支配著我們。因此，做為一個禪的修行者，首先要用禪的觀念與方法來了解、認識這自私的「小我」是什麼。

若用禪的修行方法，如數息、念佛、或專門注意自己呼吸的出入等，慢慢、慢慢地，首先會發現有許多的雜念，漸漸、漸漸地雜念亦愈來愈少，到最後，便知道了那不能控制的「我」究竟是什麼。所謂「我」，無非是一連串的過去與未來，一連串的自己與環境所發生的關係，在心理所產生的作用而已；除此而外，所謂「小我」是不存在的。到這程度時，已經了解了所謂個人的「我」，實際上就是念頭，念頭的起滅即是「我」，也即是「心」。因此，到了這個層次，便可以做到心不被環境所動搖，會用方法，要不動心便能不動心，便不會有心不由己的煩惱發生了。

這是集中注意力的方法，把心理活動的念頭，從散亂的、妄念紛飛的、心猿意馬的狀態，漸漸地穩定下來，而至一心不亂的狀態。普通人，若能修到這種狀態，他的性格應該是已經平穩成熟，我們可以說，這種人是比較有涵養的，不會隨便鬧情緒，也不會被環境影響而產生喜、怒、哀、樂形之於色的情況。修行能達到這個層次，就已很有用了。

四、前念後念統一——見山不是山

第二個層次是經驗「大我」。

大我是由小我衍生而來。當我們能夠很清楚地認清小我之時，就會更安定、更穩定地使用修行的方法，一旦方法與用方法的念頭統一時，便達成統一的心，便是大我。

如果你用的方法是數息的話，要數到沒有數目可數之時；如果是參話頭的話，要參到沒有話頭可參；如果是念佛的話，要念到沒有佛號可念。就好像一個騎術高強的騎馬師，騎了一匹偉駿的千里駒，馬跑得飛快，已經忘掉了有人在騎牠，而騎馬的人也忘掉了是騎在馬背上。到了這種地步，就是內在的自我與外在的環境統一了，自己的前念與後念連成一串了。

有人說：尚沒有修行的人，見山是山，見水是水；正在修行的人，待修到得力時，見山不是山，見水不是水；修到開悟見性後，見山還是山，見水還是水。

這內外統一的境界，即是見山不是山，見水不是水。為什麼？因為自己的身心與外邊的環境統一，前念與後念統一，沒有念頭的起伏，所見到的看起來完全一樣，所以騎在馬上，感覺上沒有馬的存在，因此見山不是山，騎馬不覺得有馬。

有人問：修到這個程度，是否會有麻煩？上街去，看到所有的人，大概都不知道是人；或者想到父親，所有的人都是父親；想到妻子，所有的人都是妻子了呢？

這只是修行人在修行過程中所發生的經驗。發生經驗時，不會上街，也不能工作。可是，有這種經驗之後又恢復到正常的情況時，會感覺到這個世界是那麼地和平，那麼地可愛，你希望能幫助所有的人，因為覺得一切眾生，乃至一草一木，都像是自己的身體一樣，你會感覺到，這世界是如此和平、親切、可愛，不期然地有一種責任感，人飢己飢、人溺己溺之情愫油然而生。許多宗教徒到了這種程度時，就變成為偉大的宗教家，自然流露出救世救人、悲天憫人的心量。

五、徹底粉碎——瓦解自我中心

但是，這還不是禪悟，因為還有「我心」的存在，只不過是把自我擴大到涵蓋世間的一切，把所有的人都變成了我。在這階段時，雖有非常懇切的責任心、使命感，卻也同時產生了我慢的副作用，把世間的一切，當成是自己所有的財產般來支配，救濟人的時候，有些人不願意接受他的救濟，他也非得強迫他們接受救濟不可，以自己的思想，以自己的觀點，強求所有的人都要變成跟他一樣，若不一樣，便很可能採用強制的手段。宗教上的強迫性、獨斷性、排斥性、征服性等問題，便因此而層出不窮了。

所以，一定要超越這個層次而進入「無我」，才是禪法的禪悟。如何達到無我呢？還是要依賴方法。佛說法門無量，門門皆通涅槃城，公案或話頭很好用，參公案或參話頭，到最後，把自我中心全部粉碎、徹底瓦解。那時候，只有一切的眾生，沒有小我及大我；一切東西都有，就是沒有自己。眾生需要什麼東西，便給他什麼東西，而不是自己準備好了什麼東西以後，一定要眾生接受。消融了主觀的自我，變成絕對的存在，這就是「無我」。

禪法不立文字，也不說有任何東西給人。《金剛經》云：「若人言如來有所說法，即為謗佛，不能解我所說故。」今天我們也是一句話也沒說到，可是抱歉得很，卻超過了時間。以下是問答討論，歡迎諸位發問。

六、問答討論

問：禪佛教的重心在講「我」，是否也談到「我」與家庭、朋友、社區之關係與責任？

答：禪的本身即是我們的日常生活；禪的修行、禪的觀念也還是由生活裡表現出來，一定會對你家庭裡的人及環境裡所接觸到的人，都能產生影響。我們剛剛說過「小我」、「大我」、「無我」，如果能認識「小我」的話，一定會非常地穩定，不會情緒波動，與其他的人接觸時，都能帶來祥和。如果能經驗到「大我」的話，一定非常地熱心，不僅是對個人、家庭、社會，甚至對全世界的許多運動，都會積極地參與。如果經驗到了禪法是什麼的話，那就要終年馬不停蹄，只是為了無事而忙。

問：修行是一種方法，是兩邊中的一邊，但據三祖所說：「將心用心，豈非大錯。」這之間是否互相矛盾？

答：三祖的〈信心銘〉，一開始便說是「至道無難，唯嫌揀擇」，不可以用心揀擇。所以你以為用修行的方法與〈信心銘〉所說相衝突了，其實，〈信心銘〉是在三祖開了悟以後所講的話。在沒有開悟以前，還是要有方法，否則無法開悟，連釋迦牟尼佛開悟都得修行六年，六祖惠能也是聽《金剛經》的句子，使他的觀念轉變了，突然間開悟，那還是要用心。不用心而能開悟是不可能的。

問：一個完全不知道禪法的人，是否可能發現佛性？

答：有可能，但是，可能性非常少。釋迦牟尼佛就沒有人告訴他什麼是禪法而自己發現了所謂「佛性」就是空性的事實。但是，歷史上也只有佛一個人是這樣的。在佛之後，所有的人都是因為聽到佛法的說明；所謂「佛性就是空性」，只有親證空性才是徹底的自由、自主、解脫等。先從觀念上認同它、接受它，否則的話，開悟這個事實，不容易發生。

問：出家人的生活目的是什麼？在家人的生活目的又是什麼？

答：我們的生活、生存，不管在家、出家都是相同的。不過出家是把全部的時間用在修行上，用佛法自修，也幫助其他的人一起學習佛法。因此他自己本身除了修行佛法、宣揚佛法之外，沒有另外需要做的事，這是出家人生活的目的。

在家人要以全時間來自己修行，同時又幫助他人修行佛法，是比較困難一點。目前也有專門在研究佛法、修行佛法，並且以教授佛學、指導禪修為職業的在家人，只是家庭的生活分占了他們的部分時間，也分占了他的感情。當然，也有像維摩詰居士那樣的大菩薩，身為在家居士，卻能把財產、家族、所有的一切，都做為一種修行和幫助修行的對象，而沒有自我中心在內。這必須是一個大菩薩方能做到。至於普通的在家人，那就是在家人了。

（一九九二年五月一日講於美國耶魯大學，陳果綱居士整理）

禪的智慧

剛才劉玲利會長介紹我時，說我十三歲就出了家，那麼小出家能做什麼呢？沒事做。（大眾笑）

今天的題目是「禪的智慧」，智慧因空而生，禪即心中無事，現代人都覺得很忙，所以我今天讓諸位聽一聽不忙的事。

人們處身於這個時代的社會環境，都非常地緊張，非常地忙碌，忙得不知道自己究竟為了什麼要這麼忙，緊張得不知道自己究竟為了什麼要這麼緊張。

一、佛・禪・佛教

有人問：禪是不是就是佛教？禪與佛又有什麼異同？

（二）佛與覺，禪與悟

佛的意思是覺，禪的意思是悟。覺是醒覺和徹底地了解，從煩惱中醒覺，徹底地了解了這個世界的存在和人類眾生的活動，不過是在做夢而已。人在非常深沉的夢裡，多半不知道自己是在做夢；能夠知道自己是在做夢的話，便不是很深的睡覺。佛就是從夢中醒覺了的人。

「悟」的意思跟「覺」相同，但是「覺」是徹底的、完成了的「悟」，「悟」則未必是徹底的「覺」，就像一般的普通人一樣，醒了以後，還會再睡覺。有的人，整天都是迷迷糊糊的，你說他醒了嘛，他是醒著的，你說他是真正地醒了嘛，他又好像是渾渾噩噩地在夢中。有的人，不僅人家看他是糊塗的，他自己也感到是半癡半呆的。

「禪」可以使我們開悟。禪的開悟，能夠使我們直下承當，頓悟成佛，但是，禪法的「悟」，並不等於究竟的佛。也就是說，佛之所以得以成佛，是從「禪」而出現的，但是，在完成了「佛」的悲智之後，他就用不到「禪」了。

（二）佛是悲智雙運的完人，禪悟者是定慧均等的自在人

「佛」以慈悲與智慧來救濟眾生，是悲智並用的完人。而「禪悟者」的修行人，雖也有慈悲和智慧，卻無法與「佛」相比。「禪悟者」有定力，所以能夠不受外境的影響；他有智慧，所以能夠自在於現實之中；他是即定即慧、定慧均等的自在人。一個自在的人，不一定就是福慧圓滿了的完人。所以，做為一個已悟的禪者，他不會說他就是「佛」，可是他已知道佛是什麼的自在人了。

所謂「自在」，並不等於心想要到哪裡就能到哪裡；要不去哪裡就不去哪裡。而是說：他已不受世間的煩惱所困擾。隨時隨處，對一個已悟的「禪者」來講，日日都是好日子，處處都是好地方，所以名為自在。

四十年前，臺灣政府曾經雷厲風行地把好多和尚當作間諜嫌疑犯，關進牢裡，其中有一個和尚，到了監牢裡，還是很高興。

他說：「我們到臺灣來，要找到掛單處，討一碗飯吃，都很不容易，現在，可以等著有人送飯來吃，是政府供養我們啦！」他感到滿開心。

但是，另外有位和尚就說了：「至少我們在外邊還有舊床鋪可以睡覺，還有老棉被可以蓋身，到了牢裡，什麼東西也沒有啦！」

這和尚說：「唉，哪個地方不是床呢？本來我們只有小小的一張床可以睡覺，現在我們處身的，這麼大一片地方，都可以睡覺哪！」接著，他發現牆角邊，有幾十個本來是裝泥巴用的稻草包，他驚喜地說：「咦，這地方，還有這些東西！」就拿了好幾個，當褥子墊、當毯子蓋。

別的和尚批評他說：「你怎麼用這種東西呢！」

「為什麼不？能保暖就好啊！」

出家人都是吃素的。可是監牢裡給他們送來的麵條，每一碗都有幾根肉絲。其他的和尚都說：「麵條裡邊有肉，怎麼能吃！」

「你們不吃，我可要吃！」

「你怎麼吃肉呢？」

「在外邊能夠吃素，當然吃素，在牢裡，總不能為了幾根肉絲，就連麵條也不吃了，填飽肚子要緊哪！」

那位和尚，是相當有名的法師，他雖被關在監牢裡，既無恐懼，亦無怨尤，相反地是那樣自在。

(三) 佛教是理性的宗教，禪是智慧的事實

理性與智慧，兩者是同類的異名。佛教有它感性的信仰成分，那便是相信有菩薩、有佛、有護法神等來幫助信仰的人。但是，在本質上，佛教是理性的，佛教的目標，是為開啟人的智慧，消除人的煩惱，要人們自己去努力修行戒、定、慧而解脫貪、瞋、癡。人人皆得成菩薩，人人皆可成佛道，不是僅靠佛菩薩的救濟而能夠達到目的，一定要自己努力去實踐佛法，才能完成佛菩薩的果位。

而禪的方法是為了開發智慧，禪法的本身就是智慧。禪法的修證，是要靠自力的，即所謂的「自依止」；「法依止」，即是依法修行，即是自修、自悟、自解脫。不能依賴外在的力量，否則就像小鳥依賴母鳥哺食的階段；不能獨立自主，便不得自在。所以「禪」是佛教裡最精要的部分，也是最根本的部分。

(四) 禪與教互為因緣

禪與教是彼此互為因緣的。一切佛，都是因為禪的悟境而成佛，成佛之後，說出了成佛的道理及方法，成為佛的教法。然後，其他的人，便根據佛的教法指導，悟得佛性真空。悟了之後，又依悟境實證佛的教法，弘揚佛的教法，來指導

其他的人，悟入佛的知見。可見禪法與教法，彼此間是互為因緣的。

二、禪與智慧

（一）禪是無私無我的智慧，智慧是無相無住的心境

一般的人，沒有私心是不可能的。所謂私心，就是主觀。主觀有大有小，或為個人，或為家庭，或為團體，或為自己所屬的社會，只要有一個自他或內外的相對立場，就是有我有私的。人從自我的立場產生的見解和心量，是非常有限的，故稱為有相。如果能夠無我，便會體驗到無相與無住，也就會變成無限了。

「無相」並不是說，眼睛看到了東西說沒有看到，耳朵聽到了聲音說沒有聽到，或者吃了東西說沒有吃到。乃是在看到、聽到、嗅到、嘗到，或身體接觸到任何現象時，心裡便知道這是一個暫時的假相，不是真實的有，不是永恆不變的存在。因此即有即空，即有相而知是空相，叫作「無相」。

在臺灣，兩年前有一位非常成功的商人，由於用人不當，經營不良，不僅破產，而且吃上了經濟犯罪的官司。他在進監牢之前來看我，問我怎麼辦？

我說：「進監牢就是進監牢囉！你就把它當作從這個家到那個家好啦！」我接著問他：「你羡慕做個出家無家的和尚嗎？」

「唉，我曾經想過！」

「那好啊，你就把進監牢想像成暫時離家出家好了！」我又問他：「財產的確重要，但當你母親生你的時候，究竟是你的哪一隻手帶了財產來的？」

「我是兩手空空地來的。」

「現在你應該很歡喜才對。金錢如水，你在那麼大的水裡邊洗過手了，結果，水是流走了，手是乾淨的。」

「師父啊，因為你是和尚，所以會講這種話！」

「你現在要進監牢了，你不這樣想，又能怎麼辦？」我又告訴他：「你知道嗎？曾經有一個非常有錢的人，破產以後坐了牢，因為他一千個不甘願，一萬個不服氣，覺得是冤枉的，覺得自己是受害人，結果在監牢裡悶悶不樂，便氣死在牢裡邊了，你也願意像他那樣嗎？」

「如果日子不好過的話，寧願死啊！」

「你被判的是有期徒刑還是無期徒刑？」

「要坐八年才可以出來。」

「既然是八年還能出來，你願意把你自己判成死刑嗎？」

「唉，那還是不死的好！」

「你既然不想死，你就得把我的話帶到牢裡邊去用！」

「那我出來以後，是不是還做生意、還賺錢啊？」

「有錢賺，為什麼不賺呢？」

「也許到那個時候，我不想賺錢，要做和尚了啦！」

「你不要罵人了，我這個和尚不是像你這樣子來的啦！」

這就是「無相」的道理，能夠知道什麼是無相，就能夠知道什麼是無住。「無住」就是不把一個現象或一樁事情當成是特別的、不得了的重要，也沒有一樣事情看作是不重要的。

我曾經遇過這麼一個青年人，在他戀愛的時候，就把對象說得那麼樣地好；失戀的時候，便把那女孩說得一文不值。我就告訴他：「再好也不可能是那樣子地好，世界上的女孩子都是人，是人就不會好到那般地完美；再壞也還是人，是人也不會壞到那樣子地徹底。」所以，說好說壞，都是「有住」，都不正確。

記得我的師父東初老人，在我出家後不久，有一次問我：「聖嚴你說，金錢好不好？」我答：「佛說的，金錢如毒蛇，一定可怕！」我的師父又說：「聖嚴啊！你還有所不知，現在有很多人專門養毒蛇，取了蛇毒來做藥而發大財。如能善用毒蛇的毒，可以救人，可以治病，就看你會不會養蛇了。不會養蛇的人，會被蛇咬，會被毒死；會養蛇的人，蛇毒可以讓你賺錢，可以讓你救人。」結果我說：「師父，那我還是要錢！」他又說：「錢要取之於道，用之於道才對。如你僅僅是要錢，而不知善於用錢，那就等於踩到毒蛇身上，只會被蛇咬，而不知運用蛇毒治病了。」

所以，世界上的東西，沒有絕對地好，也沒有絕對地壞；沒有絕對地需要，也沒有絕對地不需要。這叫作「無住」，也就是「智慧」。

（二）禪是當下即是的全體，智慧是全體即空的心相

所謂「當下」，可大可小，大可大到包含整個的宇宙，小可小於最小的無限。一般人對於最大即是全體的觀念，還容易了解；對於最小即是無限的觀念，則難領會。一個人的身體是全體，沒錯！一個人的一根眉毛，一根頭髮，或任何

局部，也能算是他身體的全體嗎？是的，一絲纖細的頭髮也是全體。中國有句「牽一髮而動全身」的成語，就是最好的說明。

在常識中，往往也會以局部推想到全體。記得我小時候所見的鄉人，凡是看到西方人，就會說是：「吃牛肉的人來了！」因為，西方人從你旁邊走過的時候，就聞到一股牛的味道。遇到一些西方人身上有牛味，就以為所有的西方人都是那樣子；只聞到一些西方人的味道，就把它當成是全部西方人的味道了。類似的以偏概全，雖然並不正確；局部不能脫離全體，則是事實。

不過，一個人如果僅僅了解「當下即是全體」，可能會產生一種執著，認為大的也是我，小的也是我，而發生自我占有的問題。自我的占有，本來是一種獲得的滿足，可是，在我們占有一樣東西時，實際上是已經被那樣東西所占有而不得自在，不得解脫。不管是男是女，當他得到一個對象的時候，自以為是得到了另外一個人的全體，事實上是失去自己的一半。但是，大家還是樂此不倦！

智慧是什麼？它是發現和實證全體即是空的一種心理現象。全體，如果是真的、是實在的話，它一定是不動的、不變的。既然是不動的、不變的，那一定是死的，也就一定是不可愛的！花，如果是永遠地開著不謝，便不吸引人了；孩童，如果只哭不笑，或只笑不哭，便不好玩了；淑女，縱是國色天香，也難免光陰催老。這世間的任何現象，都在遷化、移動。由於它們是變化、移動的，所以是不真，是空的。即有而空，因為一切現象，皆不出無常變遷的生滅軌則。

有一次，有對剛結婚的年輕人來見我，我向他們道喜，那位新郎卻說：「師父，您就不必給我說恭喜了！」

「為什麼？」

「諸行無常，五蘊皆空，我是跟『空』結了婚，有何可喜？」

「既然是空的，你還結什麼婚？」

「空跟空在一起，是正常事啊！」

這樣的話，他好像真是懂得佛法了！

但是，我又告訴他：「空與空在一起，是沒有摩擦的。你們倆結婚之後，可不要三天之後就鬥嘴，四天之後又吵架啦！」這可能不容易了。

新娘搶著說：「就是預防著吵架，所以先來見師父，到時候要請師父主持公道。」

我說：「那很好，我會給你們無理三頓棒，有理棒三頓。」結果他們兩人向我道謝後，歡喜地走了。

（三）禪是超越的存在，智慧是無礙的心量

所謂「超越的存在」，就是比存在的事實還更存在，也就是不能說它是不存在，可是它不等於存在。唯有如此，才能夠心無罣礙。

我常常以一則禪宗的公案做例子說明這道理：曾經有兩位和尚去行腳，路過一座無人的荒廟。其中一位和尚，看到廟裡沒有人，便在佛殿上解急，他的同伴責怪他：「你！怎麼可以在佛前小便呢？」這位和尚說：「那麼，你告訴我哪兒沒有佛，我去解！」

我們前面說過：「當下即是全體。」任何一點，都是佛身所在，即使是塵沙一粒，也都是佛的全體。既然是有佛的地方都不能小解，那還有什麼地方可以解呢？這位和尚並沒有否定佛的存在，也知道佛是應該尊敬的。可是，正如人吃飯是正常的事，解小便也是正常事；佛是值得尊敬的，人解小便，又有什麼不尊敬呢！

不過，全體遍在是佛的理體、佛的法身，這是悟後的境界，而且是在這座荒

廟裡，無人也沒廁所的情況下，所以對他來講，佛殿跟廁所都是一樣的。凡夫尚未見佛性，未明佛的理體、法身，則不應該效法。

悟後的智慧是靈活的，是無礙的；一般人的常識和知識是有阻礙的，是無法自在的。因此，普通人總是被常識及知識所困擾而處處惹煩惱，常常不自在。

(四) 禪是無得無失的事實，智慧是黑白分明的心用

我們理解到空的事實，因為是空的，所以明白「失去」和「得到」是同樣的事，因此是無得亦無失。得與失，只是一種過程、一種現象，現象的本身，正在有所得的時候，同時也有所失，得到的愈多，失去的也愈多。

一般人認為，得到的愈多，自己的安全感愈大。其實，從禪法的立場來看，有所得者未必是實質的保障，有所失者也未必不是好事。而且應該得的才可得，不應該得的不能得，得了反而累贅；應該失去的必須失，不失則很麻煩。何況應該得到的得到了，不算是得；應該失去的失去了，也不是失。

例如：有人做工一個小時至少要賺五塊錢美金，拿到錢時，不必歡喜地說：「我得到了五塊錢。」因為那是以他做工而換取了五塊錢呀！轉過身，買了牛

奶、麵包，吃完了也不必嘆道：「我的錢又丟掉了。」因為那也是交換呀！數小時之後，上個洗手間，吃的東西通通跑掉了，則很少人會說：「我失去了它們。」因為誰都知道，那是應該排泄掉的，不叫作失去。

既知應該得的不叫得，應該失的不算失，正常的人，正常的生活，便是無得無失。得到的時候，不用歡喜；失去的時候，不必悲傷。

也許有人認為「禪」是一種莫名其妙的觀念，「禪師」可能是瘋子、傻瓜。大家不要因為剛才我講了佛殿上小解的故事，而以為所有的禪師或開了悟的人都是瘋瘋癲癲的。其實禪悟者是智者，智者沒有煩惱、執著，但對於現象的存在是清清楚楚的，比一般人更清楚，而且是絕對地清楚。

禪畫的《十牛圖》中，最後一圖是一個和尚拿著一個布袋，袋裡裝滿了許多的東西，見到不同的人就給與不同的東西。那表示說，一個大徹大悟、有大智慧的禪者，他會以無量的佛法來適應所有的人。依不同個人的不同需要，給予不同的佛法，而對於各人的需要，他是絕對地清楚，不會弄錯的！

「禪」是從「佛」而來的，我們必須要尊敬「佛」，學佛「法」，親近「僧」。要知道：能夠傳授成佛方法的老師，必出於如法修行的清淨僧團。我們必須跟著老師學習而得智慧，如果不依照老師的指導，而想自己依佛法自修、自開悟、自解脫，雖有可能，可是極其困難，而且易入歧途，極其危險。

（一九九二年四月十二日講於美國紐約大學法學院二一〇大教室，陳果綱居士整理）

智慧與福報

一、福慧雙修

一般人拜佛都想祈求福報，但是有福報卻不一定有智慧，若無智慧，福報本身就可能帶給我們困擾。有福的人一定要有智慧，有了智慧，才知道如何運用福報和增長福報。因此佛教主張「福慧雙修」，主張「悲智雙運」，那才算是健康的修行。

不管是福慧雙修或悲智雙運，都要知道如何來培植和運用自己的福報，至於如何培植？就必須靠智慧。譬如：有人希望從商賺錢，就得先去學習工商管理、學習企業經營。再如昨天我遇到一位哥倫比亞大學畢業的財務管理博士，我問他賺了多少錢？他回答說：「我只知道怎麼替別人賺錢、管錢，但是自己沒有錢。」知道怎麼替人賺錢、管錢，而自己沒有錢，就是有智慧而福報不夠。很多公司的老闆本身並沒有讀多少書，但是他們能夠用很多具有高學歷的專家、學者來替他們賺錢。類似的老闆，雖然未受多少正規教育，但也不能說是沒有智慧，不過，能有用人的智慧，還得要有賺錢的福報。

一個人如果把人做到親痛仇快、眾叛親離的程度，可以說他是沒有智慧，不會待人；在家庭裡父子成仇、夫妻反目、兄弟鬩牆，也都是沒有智慧加上缺少福報。善於處人是智慧；受人善待是福報。如果一個人能夠把認識的及不認識的人集合在一起工作，找來在一起生活，自己雖然沒什麼錢，能夠有人，則不僅是財富，且是福慧雙修。福報是從哪裡來？是靠無私的智慧來，就像上面所講的，把許多生成個性不同、生活習慣不同、教育程度不同的人，集合在一起愉快地工作，這是需要人緣和智慧的，人緣就是福報，再加上智慧的運用就是一種財富。

佛教所講的智慧，不全同於知識和學問。知識和學問可以從書本中或學校裡學習；智慧則是要從內心的體驗及人與人之間關係的運用而獲得。有些人雖然讀了很多書，但是沒有人緣，不通世故，走到哪裡都不受人歡迎，想做任何事，別人都不願認同、參與，這種人就算是少福少慧了。這種人可能有滿腹的經綸，同時也有滿腹的牢騷，更不幸的是尚有十足的驕氣。

常言道：「做事容易做人難。」可是，識人才能用人，有人才能成事，成事才有福報。如果沒有人來相助，必不能成就大事。同樣一件事情，如果僅靠一個人單槍匹馬，孤軍奮鬥，雖然也可以做出一點什麼來，然其過程辛苦而成就有限。如果能集眾人之力，眾志成城，同心協力，做同樣的事，便能可大可久，造福更多的眾生了。故在佛法中，強調和樂，主張群策群力，所以在《華嚴經・淨行品》中，勉勵學佛的人，要能夠做到「統理大眾，一切無礙」。

二、絕對客觀

現在我要從禪法或佛法的觀點來談智慧。禪的智慧，是先要把自我的執著心抽空。何謂自我？便是閉鎖的主觀意識。通常的人都以主觀和客觀來面對每一件事情，如果比較客觀來處理事情，就是比較理性，也比較接近智慧。如說這樣就是有智慧，也不完全正確。所謂客觀，必然還有一個對象存在，一定還有一個與客觀相對的主觀立場，所謂絕對客觀的可能性是很少的。遇到事情，人們都是憑自己的經驗和知識的觀點來做為標準而加以判斷。請問各位，既已預設標準地判斷，還能算是客觀嗎？

例如：有一次，我遇到一位心理醫生。

「請問您是以什麼來為病人治病？」我問他。

「我客觀地憑自己的專業知識。」他回答。

「請問您的專業知識從哪裡學的？」

「我的專業知識是從書本的研究、老師的教導、個人的臨床而得來的。」

「老師和書本上的專業知識又從哪裡來的呢？」

「老師和書本上的專業知識是他們從書本及經驗累積起來發現的。」

從以上的對話，各位可以理解到這位醫生所講的客觀，只能算是比較理性的客觀，而非絕對性的客觀。因為客觀裡面已加了人為的因素，因此我告訴這位心理醫生：「您這樣只能算是沒有辦法中的辦法；也就是說，病人需要幫助，您拿自己所學的專業知識來幫助對方，並不是純以病人的需要而給予恰到好處的幫助。」醫生回答說：「是呀，如果我有那般能耐的話，我就不用來向您請教，不用來學佛，也不必來跟您修學禪法啦！」

如何才能幫助病人呢？在禪法的立場是把知識和經驗都擺開，當下看對方需要什麼就給他什麼。話是這麼簡單，問題是一般人能做得到嗎？若要放下專業知識而去面對某種環境或對象時，總會讓我們不知道如何去面對和解決所面臨的問題，所以世間法，還是要借重於專業知識。若要正本清源，解決人生的根本問題，便要採用佛法：第一，從佛法的觀點，知道應將自我放下；第二，從自身的修行，練習著把自我放下，同時也用佛法的觀點及方法來幫助他人。當自己的智慧尚未開發出來時，要藉佛法的智慧，如果沒有佛法的智慧，我們就不知道該用什麼樣的方法幫助自己，也不知該用什麼樣的語言幫助他人了。

三、放下自我

當你修行修到能將主觀和客觀完全放下之時，在禪宗稱為「絕觀」，也就是既不以自己的觀點為觀點，也不以他人的觀點為觀點，完全是以智慧來處理當前的事情。這便是無我的智慧，可以稱之為悟境。

既然必須放下自我才能得到佛法的智慧，請問什麼是「自我」？自我本身可以說沒有這樣東西，就因為本身沒有這樣東西，一般人不知道，所以放不下。世界上有兩種人放不下自我：第一種是不知道什麼是自我的人，第二種是覺得自我非常重要的人。

「自我」到底是什麼？是一個念頭又一個念頭的連續，使我們產生自我的存在感。但是請問，你昨天的思想跟今天的思想，是否一樣？當你十五歲時的思想跟二十歲時的思想，是否相同？當然不是，人的思想時刻都在變動，人體的細胞也時刻都在變動，佛法稱這種現象是「無常」。人的身心無常，屬於身心所有的眷屬、財物、名譽、地位等，也在改變，亦都是無常。能夠了悟萬法無常是智慧；能夠運用無常的萬法自利利人是有福。

四、來去自在

外在環境中的自我，也是時刻在改變的。譬如：昨天你看到一位女孩，覺得她長得實在難看，今天和她深談之後，發現她的心地善良，個性溫柔，雖然外貌稍微差一點，但是心地很美，當你有這種思想的時候，對這位女孩的觀感，馬上就改變過來。所以，自我觀念的改變，便會影響你對外在價值的判斷；也可以說世界上的任何事物，都會因了你的自我而改變。如果內心能夠平靜，自然也能比較看得清外在的環境，遇到事情就不會那般地執著。

若能放下自我，便是得大自在，便能來去自如。這都是內心的境界。也就是說，若要我來，來了很好；若要我去，去也不錯，這叫來去自在。並不是說：你要到那裡，就去了那裡；你要來這兒，就來了這兒。曾有一位禪師，身體雖然被關在牢裡，心裡卻相當自在，旁人問他：「您在牢裡做些什麼呀？」他回答說：「我在遍遊十方三千大千世界。」禪師不但在牢裡身心自由，放出牢去當然也會覺得很好，這叫來去自如。能有這樣的工夫，便是智慧的表現。這種智慧，就是不要把原來不是我而妄想當成我。一個人如果能把自我放得下，不僅是智慧，也有大福報。智慧不見逆境，福報不遇困擾。

愛和恨，看來相反，實是一體的兩面，好像手掌和手背，當你看到手掌的時候，你看不到手背，事實上手掌和手背是連在一起的。愛和恨本是一體，貪和瞋也是同性。佛經中以慈悲代替清淨的愛，慈悲是無條件地付出，一般人的愛則是親疏不等的關懷。慈悲是純客觀的愛，愛是出於自我的慈悲。

以前我在大覺寺的時候，有一些美國青年來跟我學打坐，他們多半是大學生或大學教授，有幾次我們發動大家到莊嚴寺去開荒，大夥兒做完工作以後，我對他們說：「真不好意思，讓大家辛苦了。」他們說：「這是我們歡喜做的事，所以很快樂！」這種喜做義工的觀念、風氣很好，不過歡喜本身和布施供養是不太一樣的，歡喜是為了自我，布施供養是為了大眾。

五、智者與菩薩

人都因了種種的自我而起煩惱，像現在各位坐在這裡聽經，聽完以後如果覺得有道理，請問：「是誰認為有道理？」是諸位的「我」。同樣地，如果聽了不滿意，請問：「這又是誰不滿意？」仍然是諸位的「我」。事實上各位並不一定要完全相信我的話，自己還可以保留一點自己。「保留自己」是很重要的，但這保留自己的又是誰？還是諸位的「我」。

智慧一定要從自我開脫而得，不要作繭自縛。少一點福報，缺一點物質，還不要緊；如果沒有智慧，多了煩惱，就不合算了。因此，有錢可能有福，也極可能無福；沒錢可能無福，也很可能有福，差別是在於有沒有智慧。有錢又有智慧，知道如何善於賺錢、善於用錢，這種人是福慧雙全。

曾有一位有錢的太太，在她丈夫去世之後，便把所有的財產均分給了子女，在她想來，兒孫都是她的，將來都會孝順。但到後來，她的晚景淒涼，錢在身邊的時候，錢是她的，兒女也是她的；一旦把錢分給了兒女，兒女和錢，都不屬於她的了。所以，有一位有福報又有智慧的老人告訴我：「老人應當有四要，第一要有老健康，第二要有老伴，第三要有老本，第四要有老友。」我告訴他：「最重要的還要有老智慧。」如果沒有智慧，可能什麼都有，就是沒有收放自如的快樂人生。像那位老太太把子女當成是自己的，把錢分給了子女，子女的錢自然也就等於是自己的了。事實上這位老太太的想法不錯，只是因緣的變化出乎意料。子女與老本，都不是絕對可信，如果有了智慧，那才可靠，沒有智慧就沒有福報。這也就是為什麼財布施的功德，不如法布施的功德之原因所在了。

以此可知，沒有錢的人只要有智慧，就會有福報，沒有錢而有智慧，仍可活得很自在，仍會到處有人緣。有些人，愈窮愈可惡，讓人看了就討厭，那就是因為他們既不知求智慧，也不想培福報。有些人，外在雖然窮，內心很知足，安貧樂道，陶然自得，這是人間的智者了。有些人，不論有錢沒錢，自知福薄慧淺，便來惜福培福，供養布施，奉獻他人，結果便成了自利利人、悲智雙運的菩薩行者。

六、培養福報

當我在日本留學的時候，我只租賃一間四個半榻榻米的房間，覺得已夠用。

我有一位同學租的是十三個榻榻米大小的公寓，他卻經常在我面前叫窮、叫苦，嘆住處局促不自在。我告訴他：「我的房子才四個半榻榻米，我住起來非常舒適自在，你的已經比我的大多了！」他說：「因為你是和尚啊！」這就是說一個不知足的人，在任何情形下都不會自覺有福報；同樣地，有的人，雖住在深宅大院，高貴的華屋，也不會覺得自在滿足。

以智慧來生活，以智慧來用錢，就會讓你享受到惜福的快樂、培福的滿足。以智慧來用錢，就能以少數錢做偉大的事，救多數的人。以智慧來處理金錢，便能使小錢變成大錢，用錢滾錢，不斷地增加，成為大富長者。培福等於賺錢，布施功德猶如把無形的財產不斷地存入銀行，到最後你不僅成了銀行的股東，也成了銀行的老闆，整間銀行都是屬於你的。沒有智慧，便不會用錢，愈用愈少，福報也愈來愈小。福報就是擁有，而不是損耗。

福報像水，你我就像水面的船。福多水漲船自高，容易行駛；福少水低船擱淺，寸步難行。有智慧的人，不論有錢沒錢，都能處處惜福，時時培福，所以有福；無智慧者，人在福中，仍不知福，一味損福，所以無福。別說未來的因果，縱在眼前，也不感覺到幸福，那便等於無福。

培福當從惜福做起，如同我們吃青菜時，往往會把外葉和根部丟棄，專挑中間最嫩的菜葉來吃；事實上，菜葉可以吃，外葉、菜梗、菜根也可以吃，把這些丟掉了等於是暴殄天物。

但是，培福不是為了享福，否則也是不智。例如：過去曾有位很窮的老僧，自知無福，希望來生得好果報，又無身外的長物可以布施，就把衣服脫光，坐在草叢裡餵蚊子，終其一生，不知道結了多少蚊子的緣，培植了多少福報。待老僧死後，由於他修苦行的福報，轉生為人，即成了一國之君，做了國王，嗜吃鴨舌，每餐一碗。有一天皇宮門前來了一位僧人求見國王，僧人出示一樣東西，問國王想不想看？國王當然想看，僧人即運用神通，讓國王看看他自己的前生，國王才知道自己的前生是一位出家人，以及自己餵蚊子的經過情形，而那些蚊子有的變成了人，大部分變成了鴨子。鴨子一隊隊地來到王宮的御廚，一碗一碗的鴨舌上了國王的餐桌，到最後稀稀疏疏，已經沒有幾隻了。這位老和尚就對國王說：「大王啊，剩下來的鴨子只有這幾隻了，吃完時，你的福報享盡，也當準備後事了！」國王看了、聽了，十分害怕，從此再也不敢吃鴨舌了。

這個故事告訴我們，這位國王起先是培福的，到最後他把自己培植起來的福，通通享受掉了！因此我們在培福之後要知惜福，惜福才有福，培福是增福。

七、廣種福田

把自己的福報給他人分享，才能生息，利息愈多，福也跟著愈大，因此培福以後要惜福，惜福之時要種福。廣種福田，培福得福。

福田有兩種分類：

（一）三福田：1.功德福田，是指佛、法、僧的三寶。2.報恩福田，是指父母、師長。3.貧苦福田，是指病人、窮人、困苦之人。

（二）八福田：1.佛，2.聖人，3.和尚，4.戒師，5.僧，6.父，7.母，8.病人。

種福田就像我們以有限的種子，種到田裡，而生產出更多更多的收穫，所以，沒福的人要種福、培福，有福的人要惜福、增福，使得福德愈來愈大，最後達到福智圓滿的程度，便是成佛。希望諸位能用智慧來培養自己的福報，用福報來培養自己的智慧，祝願大家，早日成佛。

（一九九二年十一月十四日講於美國紐約法拉盛臺灣會館，傅麗卿居士整理）

禪——自我的提昇

佛法講無我，但是眾生皆有「我」。佛在經中，也處處以「我」自稱，如：「我如來」、「我世尊」等等，代表著佛也有我。不過，凡夫的「我」是煩惱的執著，佛的「我」是對救度眾生而言的假名施設。

《阿含經》中有「四念處觀」，是要我們：1.觀身不淨，2.觀受是苦，3.觀心無常，4.觀法無我。凡夫以不淨為淨，以苦為樂，無常為常，無我為我；佛則說這是四種顛倒，是煩惱生死的根源。但到《大涅槃經》中通過解脫慧的觀點，又以常、樂、我、淨，為大涅槃所具的四德。

一、成佛之後的假名「我」

就基礎佛法而言，是講不淨、苦、無常、無我的。因為身體的諸根常流不淨，故說「不淨」；心有所受，畢竟皆「苦」；一切心念，剎那生滅，故說「無常」；身心既是無常，一切諸法，即非真有，故說「無我」。

常言人生有四大賞心樂事：久旱逢甘霖、他鄉遇故知、洞房花燭夜、金榜題名時。但從佛法的角度看，世間的樂，並非究竟的樂，因其皆屬無常，故稱為「壞苦」。

不淨，包含了三層意思：

（一）境不淨：因為是國土危脆。

（二）身不淨：因為是血肉之軀。

（三）心不淨：因為有煩惱無明。

身、心及世界皆不淨，亦即涵蓋了物質及精神的整體世界，都不是清淨的，所以生命的事實，便是苦報的現象。然而，《大般涅槃經．光明遍照高貴德王菩薩品》所說的「常樂我淨」，不是凡夫的身心世界，而是解脫的涅槃妙心。至於佛陀自稱的「我」，乃是假名的我，不是自我中心執著的我；那個假名的「我」，是代表著智慧及慈悲。

智慧有兩種作用，一是自解脫，二是解脫他。度眾生雖用智慧，但必由慈悲而生，當在度眾生時，慈悲與智慧必須同時出現，沒有智慧的慈悲是會有問題的。

佛的「我」，代表著智慧及慈悲，有真慈悲一定有大智慧，有大智慧者一定會有大慈悲，兩者不可或缺，兩者相輔相成，如鳥之有二翼，所以佛的另一個尊稱是「兩足尊」，即是福慧具足。修福是慈悲，修慧是智慧，智慧及慈悲究竟圓滿後，仍在廣度眾生，就須使用「我」了。

二、六道眾生．唯人成佛

要怎樣才能成佛呢？佛是由凡夫開始修行而後成就的。凡夫的範圍共有六道：天、人、阿修羅、畜生（傍生）、餓鬼、地獄，或省略其中的阿修羅而稱「五趣」。六道中，只有人類可以修行佛道，其他的五道眾生，除了是菩薩的化現，均非修學佛法的道器。而人類可修的有三等：1.大乘的菩薩行，2.聲聞緣覺的二乘行，3.凡夫的人天行。

菩薩的等級很多，有凡夫菩薩、賢位菩薩、聖位菩薩等。佛的十種稱號之一是「應供」，意即阿羅漢，釋迦牟尼佛便是究竟阿羅漢，也是究竟菩薩。而聖位菩薩，有初地以上至十地以前的菩薩；尚有十地以上補處佛位的菩薩，例如：觀世音菩薩、大勢至菩薩、地藏菩薩、普賢菩薩、文殊菩薩、彌勒菩薩……。

三、發大願心．起慚愧心

要成佛，必須先通過菩薩的階位，而欲到達菩薩的階段，必須先發無上菩提心，即是發大願心；例如：普賢菩薩發有十大願，阿彌陀佛在因地時發了四十八願，一切菩薩至少皆發〈四弘誓願〉。《金剛經》中提到「應無所住而生其心」，就是為了要發「阿耨多羅三藐三菩提心」，即發「無上正等正覺心」，也就是發無上菩提心。如《華嚴經．淨行品》中所言：「自歸於佛，當願眾生，體解大道，發無上意。」也是發的大菩提心。

發菩提心，實際上就是發願之意，其中最重要的，是發廣度眾生的堅固願心。地藏菩薩的大願是：「地獄未空，誓不成佛；眾生度盡，方證菩提。」一切菩薩個別發願是「別願」，尚須具備〈四弘誓願〉，則是共同的「通願」。

我時常在禪七中教導參加禪修者們，應效法釋迦牟尼佛那般地發弘誓願。當佛陀未證道以前，在一棵畢鉢羅樹下，用草鋪成一個座位，平穩地坐下來，然後發出大誓願說：「我今若不證，無上大菩提，寧可碎是身，終不起此座。」結果呢？因為釋迦世尊坐在那棵樹下而成了佛，親證了無上菩提，所以後來稱它為「菩提樹」，意即正覺之樹。那個用草鋪成的座位便稱為「金剛座」，即是因坐此座而完成了堅固的大誓願心。然而，當我勉勵禪眾們，坐穩以後也發「若不開悟，絕不起座」的願心時，卻絕少有人敢如此說。不得已退而求其次說：「引磬聲尚未響前，腿和身體不許隨意亂動，心裡也不期盼引磬的美妙聲音早點響起。」發這種願的人比較多，但也不能持續很久，大概可維持幾炷香的時間。可是當打坐的時間一直延長下去，所得的結果是愈坐愈痛苦，愈痛苦愈不能控制自己的身心，最後唯有放棄所發的誓願一途，別無選擇。有位禪眾說：「師父，這種願等於沒有發，我每發一次願便欺騙自己一次，因為我實在沒有辦法實踐自己的誓願，既然無法如願而行，倒不如放棄算了！」我說：「不行，你破了自己所發的願，應生起慚愧的心，慚愧自己對不起自己，因為自己沒有遵守自己所發的誓願；想想自己為什麼要發這種願，其目的無非是為了要度化眾生而積聚功德資糧。就因為自己障深業重，所以沒有辦法精勤地修行，因此說對不起自己，也對不起眾生，更是對不起佛菩薩。凡是能生起慚愧心的，下炷香可能會坐得好一點。」

四、自負責任

因此之故，就各人自己而言，若發了願而未能實行，須生起慚愧心。凡有慚愧心生起，便會自勉自勵而不易懈怠。生起慚愧心的同時，起惡念、做壞事的可能性也就不大了。如果慚愧心生不起來，則先修懺悔行。懺悔有三種方式：1.向己懺悔（責心懺），2.對佛菩薩像前懺悔，3.對知語的人懺悔。從戒律上來講，最輕的過失用責心懺悔，重的則要對人懺悔。對人懺也依情節輕重而分對一人、多人及二十人僧眾懺悔的不同，藉人及公眾的約束力，來幫助自己的精進和清淨。

沒有慚愧心的人，應該經常反省，若未對己、對人負責任，則須懺悔。唯有自動自發地懺悔，才能與慚愧心相應；若是受人指摘、告發而不得不懺悔者，便不算是真有慚愧心了。

一個修行人，首先須對自己負責任，既已發心成佛，便要發願度眾生，若發了願而未負責任，應生慚愧心，慚愧心生不起，則要懺悔。若能以懺悔與慚愧心相應，此願便會逐漸成長。

不是僅發一次願就可完成的，需要天天生慚愧心、天天修懺悔行、天天發大願心，但到了八地菩薩的果位，悲智自然運作，便不需要再發願。凡夫以業力而受生死苦報；菩薩以願力而入生死救度眾生。以業力入生死者，如進監獄受刑，是被動而沒有自由的；以願力入生死者，則如到監獄弘法，是出於主動，能夠自由出入的。以願力入生死者是菩薩，而以業力入生死者是凡夫。

若說菩薩以願力入生死是出入自由，以業力入生死的凡夫，是否也有自由出入之可能？是的，只要我們的信願堅固，加上精進實踐，便能得到自由。故知凡夫也有可能得到生死的自由。

道理很單純，若要成為自由的人，首先得成為負責任的人，因為負責任則沒有懊悔或罣礙，才有真正的自由可言。做為一個負責任的人，首重對自己負責任，然後對人、對眾生負責任。記得我剛出家時，對先師東初老人說：「我要做一個安分守己的出家人，絕不讓您老人家失望，也不要對不起佛教。」先師說：「你不該這麼說，應倒過來講，你只要不會對不起自己，不要使自己失望就好。」先師的這番話，對我的影響，非常地深遠。師父只是指出一條路，教你如何走，而要走上這條路，尚得靠自己一步又一步地向前走，要付出恆心、耐力及時間，腳踏實地，將自己的足踩過去。如果未經自己的足踏過，怎能說是自己曾走過呢？例如：佛道或菩薩道，已經有很多的佛菩薩及祖師們走過了，這條路好像已是現成的，但是，如果你想通過，還得印上自己的腳印，否則，那是諸佛菩薩及祖師們所擁有的道路，跟你自己毫不相干！所以要先對自己負責任，才談得上對人負責、對眾生負責任。

五、別業共業．小心謹慎

或許有人會問：「個人的力量如此薄弱，對自身負責已很吃力，如何能對眾生負責呢？」實際上，我們的每一個念頭，都是全部的歷史，在舉心動念中，都是在接受過去也影響未來。每一個念頭都有無限地深遠，每一個動作都是全體的宇宙，個人即是聯繫著整個的時間與空間的無限。換言之，現前一念，貫穿古往今來；個人動作，聯繫宇宙全體。

佛法所講的「業」，有「別業」與「共業」之分。別業是個別的眾生造了個別的業，使不同的眾生，接受各自的果報；共業是不同的眾生在不同的時空，造了同類的業，使得不同的眾生共同接受同類的果報。例如：家族有家族的別業及

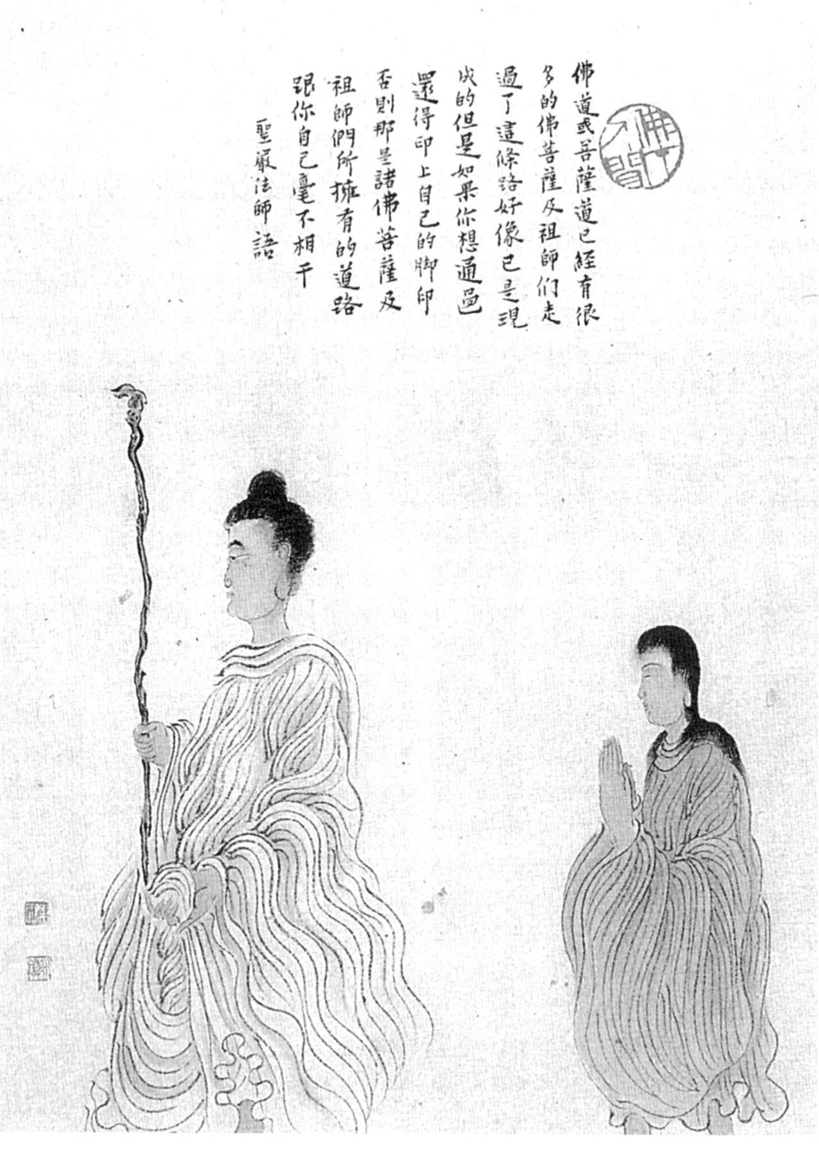
佛道或菩薩道已經有很
多的佛菩薩及祖師們走
過了這條路好像已是現
成的但是如果你想通過
還得印上自己的腳印
否則那是諸佛菩薩及
祖師們所擁有的道路
跟你自己毫不相干
聖嚴法師語

共業，公司有公司的別業及共業，國家有國家的別業及共業等。別業則是個別的自己所造，仍由個別的自己承受；共業是共同所造的，亦由眾生共同承受。很多事被世人看成偶發的個案，事實上必定是多種因緣所促成，與整體均有關係的。故在別業中有共業，在共業中有別業。

大家不要忽視了各自的心力，須知每一個人在任何一個念頭的發生，都必須非常地留意、謹慎、小心。我們產生的每一個念頭，都與上下古今有關係，一言一行的表現，都會對自己及他人，有多方面的影響。故我們的行為若不小心謹慎，將會自害害人，不負責的結果，便很可能為許多的眾生帶來了災難。

整個宇宙的時間及空間，都是在循環中進行的。在時間方面，佛法講「三世因果」，若不解脫，永遠流轉。此生是由過去而來，也將通向未來世去，雖經百千劫，果報還自受，一己所造之業，定會在生命的遷流之際呈現出來。所以，若有人認為：「現在做壞事沒關係，只要將來修行便可得解脫。」這樣的觀念是錯誤的，那是對人對己不負責任的說法。

在空間方面的彼此關聯，也是相同。任何一件事，都不是孤立的，互為因緣，賓主相倚，息息相關，沒有一人、一事、一物是可以自外於世界而存在的；

所以對己對人，不論是為了自私的理由或道德的理由，都須負起責任，這便是禪修精神。禪法的修行，就需要時時刻刻腳踏實地，負起責任。

六、少欲知足・提昇自我

禪修者的心態，是要在行為上沒有做壞事的預謀，若犯了不預知的過失，則以慚愧心來懺悔即可。所謂：「人非聖賢，孰能無過。」知過能改，便是善人。

經律中常見到少欲、知足、知慚愧、懺悔、懺悔則安樂等的連用語，都是有助於自我提昇的道理和方法。

（一）少欲：完全沒有欲是很難的，但要盡量減少。凡對個人物質生活享受的追求要少，凡對社會、對眾生有益的修行，則要精進不懈。

（二）知足：針對個人身心所求的私欲要知足，對於上求佛道、下化眾生的修行，則永無止境。

（三）知慚愧：發現自己有了過失，不論是對不起自己，或是對不起他人，都要覺得羞恥，生起慚愧心來。

（四）懺悔：生起慚愧心之後，更進一步，需要懺悔。承認自己做的錯事，決心要對自己的行為負責任。

（五）懺悔則安樂：能對自己的行為負責，便會心安理得，心中也不再有罣礙，故能在「我已承認」、「我當負責」的情況下得到安樂。

當我們遇到各種困擾及困難之時，遭受各類打擊和挫折之時，或許會因找不到原因來解釋而覺得委屈及不平，但要知道，這些都是過去世自己所造的業因，為今世帶來的結果。所以，我們應該平心靜氣地面對眼前的一切事實，能解決者設法避免，不能解決者則勇敢地接受它，安樂即是來自面對及接受。

學佛的過程，便是透過認識自我、消融自我以達成自我成長、自我提昇的目標。

（一九九二年二月十一日講於法鼓山社會菁英禪修營，蘇曉玲居士整理）

禪——自我的消融

自我是最難消融的，這是最可愛、最堅固，也是最討厭的東西。人人都知道用自我中心的觀點來衡量人、要求人、評斷人、指責人、支配人、改造人，卻很少想到其他的每一個人，也有各人的自我中心。因此就產生了種種的對立，彼此之間摩擦不斷，也爭辯不休。可是，從禪修的立場就有辦法使得自我消融。

或許你們會問：「聖嚴法師，你是不是已將自我消融了？」可以這麼說：從小時候起我就是常想到自己有什麼東西可以給人，但未想到我是個施與者。如同現在，僅考慮到如何將我所知道的佛法，以何種方式來供養諸位；卻沒有想過，站在台上的是位老師，應該以老師的立場來教訓學生。這好比當我在某小吃店，嘗到非常可口的飲食以後，只要有機緣便欣然地向人介紹，希望別人也能分享美味。然而，店中的食物並不是我的，也不是由我烹煮調配的。人們能享受到的，也不是我所給的，是人們自己拿錢購買來的。

不過，教人消融自我比較容易，自己來做則很難。最近，我們有一個專職的職員外出受訓，回來以後，自己以為學到了很多新觀念，也懂得了很多新技術，於是逢人就說：「要尊重他人，能尊重他人，才能獲得他人的同情、愛戴和擁護。」結果，有人立即問他：「你能不能接受他人的建議？」他說：「我現在告訴你，是希望你能照做，你還有什麼好建議的呢？」對方說：「你剛剛口口聲聲說『要尊重他人』，如今，是不是也該尊重我們呢？」他說：「我是教你們要尊重他人，但不是教你們要求別人尊重你們。」

我還有一位聰穎敏慧的出家弟子，他時常為常住大眾做企畫工作，策畫某人當做某種執事，該執事應如何如何地照著去做便會做得非常好；他策畫這個人應該要這樣做，那個人又應該要那樣做……。但是，每當常住大眾要求他或指派他做某項執事時，他總是說：「我是策畫人，不是執行人，我只計畫讓別人做，至於我自己呢？還未想到要當執行人。」請問諸位，處在現今的社會上，包括你自己在內，偶爾是否也是如此的人呢？

在座的諸位，幾乎都是各行各業的領導人物。當你們指揮人時，又如何呢？

是不是或多或少犯了這種「自我中心」的毛病而不自知呢？這次禪修營的主要課程之一，即是訓練大家如何消融自我。以下就圍繞著這個主題，來分析自我是什麼？又以什麼方法來實踐自我的消融。

一、自我是什麼

站在佛法的觀點看「自我」，可分成兩個部分：

（一）人我

人我包括「你、我、他」，細究之，則只有主觀的「我」以及客觀的「他」。《金剛經》中，以「我、人、眾生、壽者」來涵蓋。

所謂「我」，是指單獨的個體，也就是自己。「人」是指與自己相對的另外一人「你」。「眾生」即是包含「他們」，也就是多數的「你」。至於「壽者」的意思是因不斷地遇到「你」和「他」，而在時間上是延續的；換句話說，在時間之流的你、我、他，都稱之為「壽者」。

（二）法我

「法」是指統一的東西。「法我」即是「五蘊」（色、受、想、行、識），前一屬於物質界，後四屬於精神界。五蘊總稱為「我」，就是法，所以五蘊也稱為五蘊法，它是三界之內的生死之法。

小乘觀察到五蘊假合的我，是由於地、水、火、風的四種基本元素所形成。四大調和，便會身體健朗；四大違和，便會產生疾病。所以，不以色身為實在的我，不應執取色身為我而造種種的生死業。換言之，小乘看到五蘊所成的我雖假，五蘊法則不空，故不希望再受生死。也因為畏懼生死，所以希望求入涅槃，一旦修行成功，便不再處於生死之中，離開了現實世界。這種將生死與涅槃分為兩截的執著心，便是法執，又名「法我」。

大乘菩薩是住於生死而不著生死，雖在生死之中，卻不受生死的束縛。如《心經》中所說：「照見五蘊皆空。」即度一切生死苦厄，既然五蘊皆空，雖有生死，也是空的，於是便不怕生死了。

二、「我」的消融方法

「我」的消融方法，可分成兩個部分：1.觀念思想上的消融，2.方法技巧上的消融。

（一）以觀念思想消融自我

為何而有「我」的存在？「我」的事實又是什麼？由於有了我貪、我瞋、我癡、我慢、我疑、我見等心理活動，便產生了「我」及「我所」的執著。

1.我貪：是指貪欲。貪吃、貪睡、貪名、貪利等等的五欲，都是貪的現象。什麼是五欲呢？通常分有兩類：(1)通俗地說，財、色、名、食、睡；(2)正軌地說，色、聲、香、味、觸，此為佛經中常用的觀點，眼見色，耳聞聲，鼻嗅香，舌嘗味，身體所接觸到的一切感受，如：冷、暖、滑、澀、輕、重等。

2.我瞋：貪不到、求不得、丟不掉、擺不脫，便生瞋；或者已貪得卻又失掉了也會起瞋。凡是不如意、不稱心、不滿意的皆會引生瞋心。

3.我癡：不明因果，不識因緣。為求私心的滿足，希望不合理的事情成為事實，就是違背因果；如果不種善因而盼得善果，或種了惡因而欲拒絕惡果等，就是不明因果。本來可以努力盡人事的事，而未盡心力、未能成事，或者已經盡了心力，成就了事業，便以為全出於自己的功勞，便是不懂得眾因緣所生的道理，就是昧於因緣。

4. 我慢：可分為四種：(1)驕慢，自覺了不起，不一定有理由。(2)過慢，自覺強過別人而起慢心。(3)增上慢，在修行上得少為足，有了一點小小的經驗與成就，便自覺已獲無上的聖智、聖果。(4)卑劣慢，也就是一般所說的「酸葡萄」心理，自己很差勁，沒有出息，卻見不得別人好，不但不讚歎，甚而鄙視別人的優點及成就。

5. 我疑：不但懷疑自己，同時也懷疑別人。這是與信心相對的，凡自信心薄弱者，便會對自己的能力產生懷疑。人應該相信自己，才能除疑，否則就不會做成任何事了。另一方面，若懷疑別人則會樹立很多敵人，以致發生四面楚歌的情況。疑人不用，用人不疑；不論於己於人，疑心即生暗鬼。當然，做為一個修學佛法的三寶弟子，對三寶師僧，切切不得懷疑，否則便是惹魔了。

6. 我見：包括五個項目：身見，是對身體的執著。邊見，是執有永恆的常見及不信三世因果的斷見。邪見，顛倒善惡，錯亂因果，撥無因果的看法。見取見，以下劣的知見為好為上，執持不捨。戒禁取見，以不合因果、不合佛法的思想行為，做為必須遵守的戒條。

以上六點，是由觀念上來分析構成「我」的因素。而「無我」，就是將上述六點漸漸除去，或頓時放下。沒有以上六類心理現象，也就沒有「我」了。

很多人希望能夠由開悟而得解脫，使得自己得以自在。但要開悟的是什麼呢？必須了悟「我」是虛妄的，除了「我的」之外，只有以上六種根本煩惱，並沒有真正不變的「我」在。我的五欲，我的貪、瞋、癡、慢、疑、見等，皆是心理現象，除去這些現象，就無處可尋「我」了。能夠了解這些，就可知道「無我」是什麼了。

過去禪宗寺院，接納新進禪者，進入禪堂之初，便會被執事者告以兩句話：「色身交予常住，性命付予龍天。」也就是唯有不管身命的死活，通身放下，全心放下，才能死心塌地地用功修道，亦即兵家用兵「置之死地而後生」的要訣。對常人而言，這個虛幻而又麻煩的「我」，不容易丟，捨不得丟，也害怕丟掉，所以也就不容易開悟了。

（二）以方法技巧消融自我

僅僅在觀念上分析「自我」的結構雖有用處，卻沒有大用，必得身體力行，用方法來實踐，才能得力。目前在市面上關於介紹禪的書已很多，但都限於寫禪、說禪，甚至是以禪宗的公案語錄，當作文藝欣賞，讀了之後，在想法上也可能有點幫助，但其用處不大。

親自實踐，在佛法中稱為修行。一定要經過修行，才能實證。從方法的實踐而有身心的體驗，能以全生命的投入之後，一旦與無我的事實結合為一，便是證悟。口述的「無我」，不是由生命體驗得到，而是從思考、知識來了解的，故不能稱為證悟，只能名之為了解。不過這一層次仍是重要的，其次第是由信而解，由信解而修，由信解修而親自體證。

三、實踐的方法

（一）鍊心

所謂鍊心，實際就是鍊「我」。平日的「我」是非常散漫不踏實的，故可稱為散亂心的我。我們必須要用方法來調理身心，以數呼吸、持佛名號、觀身受法等等，來達到集中心、專一心、統一心的境界。其中觀身受法，是指觀身體動作的感覺，「觀」後，還須加上「照」及「提」的工夫。

數呼吸時，若忘了數字，打了妄想，便不是在「觀」，發覺之後，馬上再將方法「提」起來，然後繼續再觀。「觀」時要清清楚楚地知道自己在做什麼，這也就是「照」。「觀」與「照」一定要同時並用，才不會流於散心或墮入昏沉。觀後一定要照、要提，然在如此用功時，切切不能急躁，不能使猛力，當以細水長流的方式進行。否則必須有相當的心力及體力才行，而且也容易忽好忽壞地交互進行，使你不能持久穩定。

鍊心的初步目標，是把「散心」的我，變成「專心」的我，對於每一個念頭的活動，都要能清清楚楚。專心之後，進一步要達到「一心」，也即是從專一心，至統一心。

統一的心念也有三種：1.自我身心的統一，2.自我與內外環境的統一，3.自我的前念與後念統一。

數息上了路時，還有三個不同的念頭交互起滅：1.我，2.我在數呼吸，3.

我觀照數呼吸的數目。這三個不同的念頭，前後次第，穩定出現，雖有統一的念頭，仍不是統一心而只是專一心。統一心，則只有一個「我」的念頭，清清楚楚，實實在在，明明白白，已經不數呼吸，也沒有呼吸的數目可以讓你觀照了。

前面已經提過，鍊心就是在鍊「我」。常人的我，是分別、執著、散心的我，無法自我作主，無能自我駕馭。所謂心不由己的原因無他，只因煩惱重，業力重，提不起又放不下。欲由散亂心進入專一心，首先要放鬆身心，放鬆頭腦，然後提起所用的方法。平時若遇境界現前時，立即放鬆頭腦，可避免很多的摩擦及衝突，自己也較不會衝動、生氣、與人爭辯。

專一心之後，進一步便進入如前所述的統一心，它有三個層次：

1. 身心的統一：身心統一，主要是由於心念穩定、落實。若在乎身體的存在，則是一項負擔，不舒服。若能讓心穩定於方法之上，或專注於某一動作、某一項工作之上，便可忘掉身體的存在及身體的負擔。

2. 內外的統一：能夠內外統一，而將「我」消融在環境之中，並不太難，譬如藝術家便可以做到，而欣賞音樂演奏、繪畫等藝術品或是自然風景，也能陶然自得，渾然忘我，便屬此類。宗教家及哲學家「天人合一」的體驗，也屬此一層次。

禪修的人，當在面對所有人、事、物的情況時，若都沒有對立的感受，其感覺便已把他們的自己與整個環境統一起來了。禪修者若已真正達到內外統一的時候，便已沒有優劣之分及內外之異了。統一就是無差別，若在用功時，體驗消融自我，體驗到沒有煩惱的心境，但在不用功時，問題仍然存在的話，便只能稱為統一，而不能稱為開悟，因為此處未將「我」視為沒有。雖說如此，有了這樣統一心的經驗，總是好的。至少可以不與身心之外的事物，處於緊張的狀態了。

3. 前後念統一：欲達到前後念統一，非常地不容易。此時不知道有前念，不知道有後念，唯知住於現在的一念。在定中，若一直保持住「現在」這一念上，便沒有時間，因為前後念已統一，出定後，時間又再度出現。

《金剛經》說：「過去心不可得，現在心不可得，未來心不可得。」然而前後念的統一，是否就是此處的三心不可得呢？

很明顯地可以看出，前後念的統一並不等同於《金剛經》中所說的三心不可得。前後念的統一雖然沒有過去，沒有未來，但仍擁有現在，還是有「心」，還是有「我」，尚未超出「我」的範圍，雖無分別，仍有執持。

「我」實在是極不易去除的，除了鍊心之外，第二個方法就是「破心」。

（二）破心

破心就是將「有我」的心粉碎，方式有二：

1.沉澱法（默照禪）：若將統一的心，止於一念，那僅是定；若能靈明廓徹，既不住於止，又不停於觀，心靜如止水，心明如皎月，便會「桶底脫落」，悟境現前。如在一個桶中盛水拌泥，泥沙漸漸沉澱桶底，起初攪動，泥沙猶會翻起，但沉澱到最後，水已澄清而桶底終因太重而脫落，此時桶內空空如也，水與泥都不復存在了。既無可止可定的心念，也無能觀能照的心念，便成無念亦無心，而親見無我。

2.爆炸法（話頭禪）：即反覆不停地參一個話頭，問話頭之前的究竟是什麼？但是不准你替話頭給答案。歷代有名的話頭很多，例如：「拖死屍的是誰？」「未出娘胎前的本來面目是誰？」「念佛的是誰？」及趙州從諗禪師「狗子無佛性的『無』是什麼？」……。

切記參話頭時，開口就錯，動念即乖，故在自己參話頭時，不要有任何回答，更要有勇氣不斷地否定自己所發現的答案。如此，到最後會突然發現大地落沉，虛空粉碎，也等於桶底脫落。

（一九九二年二月十日講於法鼓山社會菁英禪修營，蘇曉玲居士整理）

禪與人生

非常感謝《中華日報》的邀請，及臺南民眾的熱烈支持，前來捧場。許多人透過媒體，知道花蓮有個證嚴，而不曉得臺北法鼓山有個聖嚴，還有人以為是同一個人。倘使今晚大家真是因為搞錯而來，那我真要說聲抱歉。

一、什麼是人生

人生是苦樂憂喜，人生是悲歡離合，人生是成敗得失，人生是生老病死，人生是富貴貧賤，人生是善惡是非……，除了上述六項外，尚有許多名詞可說明人生。今日且以佛教觀點來透視人生。

（一）人生是苦樂憂喜

佛家講人生是苦，一般人卻講求歡樂。歡樂是事實，但為時短暫。享受之前要歷經苦，享受之後還是苦，因此許多事僅見中間一點是樂，前後兩端仍是苦。

憂是憂慮、憂愁，對未發生的事先憂，發生後，未有結果亦憂。喜與憂就如樂與苦，喜是短暫，憂仍較長。佛法對人生的解釋如此。

俗話說：「家家有本難念的經。」「人生不如意事，十常八九。」可見喜少憂多。人生常憂慮，即或要「走」時還是免不了擔心。擔心不知何往，擔心子孫禍福，更擔心以後別人對自己的看法。

（二）人生是悲歡離合

喜家族團圓，悲生離死別。夫妻在談戀愛時是苦是樂？小說家以「苦酒」比喻戀愛，可見愛中仍是有苦，婚後仍免不了時苦時樂。

以我個人而言，也是勸合不勸離，贊成合不贊成離。我雖出家，但我主張在家人既已結婚，就不要分離。

（三）人生是成敗得失

人的一生過程，不離成敗得失中打轉，失敗可說是一種鍛鍊。拿今晚來說，不要以為有許多人來聽講，就是聖嚴的成功，事實上，成功的是《中華日報》，大家都是看《中華日報》而來；若是上了大當，我講不好，大家要罵，不要罵我，要罵就罵《中華日報》！（哄堂大笑）

凡人得到的，不會認為已經夠多；付出一點點，卻感到付出很多，人大抵如此。俗話說「忘恩負義」，話雖毒，不失為寫照。有些人有了一點成就，就認為全是自己的努力成果，絲毫未想到，別人也同樣有所付出。

（四）人生是生老病死

生、老、病、死是一生必經的過程，沒有人能避免，人都不希望死，卻非死不可。相反地，人都希望別人祝自己長壽健康，卻沒想到長壽健康是有條件的。

（五）人生是富貴貧賤

過去光腳上學讀書十分普遍。如今誰還光腳？因此今天大家都稱得上富貴中人，不屬富貴，怎有時間來聽法師說「禪與人生」？（掌聲）

貧賤與富貴無法常保。富久了自會懈怠，富過三代者必是不多；貧家反能出現偉大人物，但往後又不過三代。富貴只是曇花一現，如果人人皆富貴，就無貧賤一詞，也無富貴一詞了。因此，如知處貧賤，就要加倍努力；如知處富貴，更應保持警覺。

（六）人生是善惡是非

善惡是非，是否有一定標準？善惡全是以是否「對人有利」而定，非以個人標準衡量。人常不以為己惡，甚至做了強盜也不承認是壞人。是以善惡應以社會的共同標準作定則，以多數人的需求為依歸。

佛教徒當常反省，藉以發現自己的缺失。上述人生的特徵，要能了解，否則苦不堪言。

二、什麼是禪

我說正面是禪，反面是禪，正反兩面都是禪，正反兩面都不是禪。也許聽眾聽不下去了，要說這豈不廢話！

事實上，禪並不一定是什麼，也不肯定或否定什麼，禪是你要什麼就給你什麼。

正面是禪，說明禪有其基本要件，那就是相信因果。沒有因果就沒有佛法，沒有佛法知見，就沒有禪法。

反面也是禪，佛法的道理是工具，並非目的。佛法能除去自我執著的煩惱，煩惱多就智慧少。《金剛經》說：「如筏喻者。」過了河後（悟道），筏（佛法）已不需要，拋之可也。道理有用，若執著道理，便成了障礙。

可是許多人顛倒過來，認為不需要佛法，也毋須信因果，或者是倒因為果，那便是野狐禪了。以平日佛前供養鮮花為例，供玫瑰或供百合，佛皆不會選擇，只要供花的喜愛，不論供這供那，或者供或者不供，全部都好！

我們談到許多問題，都是要從內心做起。

事實上禪的初步是不可有自己，只能有別人，別人要什麼，自己就是什麼。大家知道觀世音菩薩沒有固定形相，眾生要什麼，就示現什麼。

正反兩面都不是禪，這是更高一層了，對修行者或悟道者而言，並不要肯定什麼，或否定什麼，也沒有一定的需求。根本上，沒有自己的立場和需要，但其存在如明鏡，漢來漢現，胡來胡現。

去年在加州一次演講後，有聽眾問：「你到底是開悟了沒有？」我反問：「你是要我答開悟呢？還是否定？」對方說：「只要實話實說就好。」我答：「實話實說，可真難說。我說悟了，你信嗎？我說未悟，你會認為未悟的人怎可在此大放厥詞！」

三、什麼是社會

社會是人生的舞台，它有許多的配合行為，例如：各種社會團體的宗旨，就是結合來自各行各業的人士，一塊兒奉獻心力，貢獻社會。因此，不管是同行或者不同行，大家應該相互協助，共同關懷。

從信仰的關係來說，各人的角度容有不同，仍該彼此結合，各盡其力。但目前的社會，往往同信仰者還可相互幫忙，對不同信仰的就會排斥。若能相互包容、忍讓、學習，社會才有進步與和諧。而一般所謂社會，大抵只照顧自己依存的團體，而無視其他團體的利益。

上週北投中華佛學研究所邀請一位牧師演講。牧師上台首先說：「對不起，我是基督教的牧師，一定會講基督教好。」這話一出，立即引起了同學掌聲，牧師反而感到納悶。我就對他說：「你說基督教好，這是正常。倘由我們來講，也不好說基督教比佛教更好呀。請你來，主要就是藉你的觀點來介紹基督教。」

結果，這位牧師，當場邀請我，下回去向他們基督教的學生演講佛學。以傳教士及法師的立場，各說自己的宗教為優，是絕對正常的，但也要能相互尊重，唯有如此，才能增進人類的幸福。能相互尊重，人與人之間的爭執就少了，對立、紛爭也少了。此時，似乎可以約略體會到「淨土」的味道。

四、什麼是淨土

什麼樣的地方是淨土呢？1.沒有困擾的生活環境，2.沒有罪惡的社會環境，3.人的內心不會矛盾及煩惱。

罪惡是什麼？簡單地說：罪惡因人造，罪惡因人起。煩惱之心是罪惡淵藪；損人利己和損人不利己，都是罪惡。個人對家庭、社會都會造罪惡，大罪惡是使人的財產、生命受到損害，小罪惡是令人煩惱、不舒適。

但人們往往不自覺地製造罪惡！大家只注意到報上綁票、強盜等大罪惡，卻忽略了自己的言行是否無意間也造成了傷人的小罪惡。我們常願社會無罪惡，卻少想到也讓自己不製造罪惡。

罪惡來自煩惱，煩惱則由自然環境、社會環境，以及內心的矛盾而來。自然環境的不正常，會令人不自在、不愉快，而如何適應自然環境，讓自己愉快，則是重要課題。

有一次在我們的「禪七」中，突然斷了電源，暑熱難當。我對大家說：「天氣熱，身體熱，由它熱，內心不要熱就好！」因為「天氣」、「身體」都不是「我」，摒除這些，自然熱不起來了。其實對付天氣、環境、內心的問題，都應以同樣的辦法來解決。

另有一次，我曾口頭對一位居士不太客氣，他回去就寫封信來，除了解釋他自己，又譴責了我。隔三天他來問我：「信接到了沒有？」我說：「接到了，也看得仔細。」他問：「你覺得如何？」我只說：「我已知道你如此說了，但我並不生氣。」這使他覺得意外，事實上天下本無事，只是庸人自擾之。

說起戰爭，應是人的天性，人與人爭，人也與自然爭戰。有次美國有「和平派」與「戰爭派」之爭，由於和平派聲勢浩大而贏了，結果報紙上標題：「和平派戰勝了。」這是多麼愚癡的諷刺啊！既是和平，還有戰勝嗎？

佛教徒要使世界不戰爭，就要由個人做起，以慈悲代替怨恨，世界上暴戾氣氛將會減少。人人接受佛法理念，世界也會減少紛爭。

所謂和平就是沒有恐懼，也就是不論生活、生存、名譽、財產都不受威脅。恐懼的心，與生俱來，恐懼來自不安全的感覺，而怕死則是不安全的主因。

身體是暫有的，學佛的人如何才能不恐懼？就是把自己當作：1.沒有生過，2.已經死了。唯有置死生於度外，才可免於恐懼。

因此，和平安樂的環境，不在心外，而是在各人自己的心裡。所以，如果在大家心中有了淨土，人間環境才是淨土。《維摩經》說「直心是道場」、「隨其心淨則佛土淨」，若能做到心中無私、無欲、無貪瞋煩惱；所見世界，便無一處不是淨土。從佛眼看眾生，大家都是佛；因為佛的境界，沒有人能打擾他，使他煩惱，這不是淨土是什麼？我們雖尚未成佛，但可學其精神，要求自己學著來做，便能使自己的世界成為淨土。

下面用幾句話來送給各位，做為結束：「一念存好心，一念生淨土；一念離煩惱，一念見淨土。一處有人行善，一處即是淨土；處處有人行善，處處可見淨土。」

（一九九一年三月十二日講於臺南市文化中心，《中華日報》三月十三日刊出，記者張立明居士整理）

禪與生活

一、無話可說

在《維摩經．入不二法門品》中，文殊師利菩薩云：「於一切法，無言無說，無示無識，離諸問答，是為入不二法門。」轉問維摩詰對於不二法門的看法，維摩詰居士竟然「默然無言」。文殊因此讚歎：「乃至無有文字語言，是真入不二法門。」可知真正的禪法，即是不二法門，也當無話可說。

二、禪是什麼

今天，我也只能和諸位談談無話可說的禪法，卻無法告訴諸位，禪法的內容是什麼？因為真正的禪法是不可思議，無法以語言文字和思辨來解釋的。自釋迦牟尼佛開始，便認為真正的法，是無法用語言來說明的。所以他成道之後，說了四十多年的法，在臨入涅槃時，卻告訴大眾說：「我這一生之中，說法四十九年，談經三百餘會，未曾說著一字！」

剛才裘李炯教授把我六十多年的生平，在短短的兩分鐘內介紹完了。請諸位想想，六十多年的經歷過程，怎麼可能在兩分鐘內介紹完呢？這就說明，任何一種現象，如果用語言文字來介紹的話，則只是一種浮光掠影的概念，而不是該一現象的本身。

中國的禪法，是指那不須通過語言文字及想像說明的任何一樣事實；它是絕對地真實，隨時隨處都是現成的禪法，也沒有一物就是禪法的本身。

三、什麼是生活

每天的活動都是生活，奇怪的是，卻不知道為何會如此地生活。小時候，父母要我們那樣地生活；上學了，老師指導我們過學生的生活；在美國，追求獨立自主快樂的生活；在臺灣，追求民主富足平安的生活。可憐的是，我們經常是在大環境的擺布下，無法依照自己的意志來生活。往往我們希望能準時赴約，結果路上塞車而遲到了；打算晚上去看電影，結果是帶著小孩到別的地方去了。所以，我們的生活不全是自己能自主的，而對於自己的生活也不是很清楚的，我們以為已經體會了自己所聽到的、看到的、吃到的東西，事實上卻不盡然。正如我現在講的話，諸位聽了，領會到的卻是因人而異。這就表示著，客觀的事實與主觀的自我，所感覺到的生活並不相同。因此，我們常常不清楚其他的人發生了什麼樣的事，便以自己的想法和看法，猜測人家、代替人家、說服人家，往往我們是存著好心替人家解決問題，結果卻增加自己的困擾，也為人家帶來更多的麻煩。

因此，所謂生活，就是自己和自己、自己和他人，不斷地互相幫助，也不斷地製造錯誤。這就是人間生活的現象，但是，我們沒有其他選擇，還是要繼續生活下去。

四、錯誤即是真實

如上所述，「禪」不是用語言文字和想像所可以說明的，而生活則是一種經常製造錯誤的幻象。前者是絕對的真實，後者是不斷的錯誤。若以哲學或宗教的立場而言，錯誤有錯誤的層次，真實有真實的領域，這兩種情況是不可能連接在一起的。但是，以禪法的觀點而言，真實與錯誤，非一非異。以水為喻，大風襲捲起巨浪，小風掀動起小浪，微風吹拂起漣漪，無風則平靜如鏡；緣風的大小，波浪有巨細，水性則非異。哲學與宗教是一種理論思想、感應和信仰，禪法則是一種在虛妄的日常生活中，體驗到的真實經驗。當我們訓練自己的心，使其從混亂的情況變成穩定，進而成為絕對的和平時，就能經驗到「真實就是虛妄」的禪法。

我們的心從出生以來，都是在環境的影響下運作，從來沒有平靜過。即使是安靜地坐在那兒，不看電視，不聽音樂，也不讀報，心卻動得更快，腦子裡思緒不斷，彷彿自己在播映許多的影片給自己看。如果靜坐在那兒，腦子裡非常清楚，既沒有過去，也不想未來，沒有任何思緒，這人一定備感無聊。因此，對於真實的世界，就沒有辦法知道。

禪的觀念告訴我們，真實是永遠不動的，也唯有在雜念不動之時，所看到、所聽到的，才是如實地看到和聽到，只有妄心不動時，所經驗的現象才是真實的。但是，僅憑觀念，尚無法產生真實生活的經驗，還得依賴方法的實踐，才能使我們體驗到虛妄的生活就是真實的生活。

五、禪的方法

禪的方法，首重屏息諸緣，心無旁騖。因此，在用方法的時候，不要注意任何周遭環境的動靜，即或有架飛機失事，跌落在你身旁，也是不要管它。

禪法的修習並非一蹴即成，因為你從小緊張到現在，要立刻把身心放鬆是辦不到的。所以應在日常生活中，常常練習，使你的心漸漸從混亂緊張中安定下來，才可能在虛妄的生活中體驗到真實的世界。禪的理論和禪修方法，若不能在平常日用中勤加熏習，遇到問題時便會束手無策，唯有坐地就縛。所以，禪與日常生活，有其密切的關係，否則，它將僅是一種學說而不是實用的禪法。

禪的方法，有動、有靜。對一個初學者，動的方法不太可能深入，而靜坐的練習，能獲得較深的經驗。日久經驗豐富且深時，在動的時候，不管做什麼，身體動，心還是安定的。如今也有一位緬甸禪僧，發明了一種「動中禪」的修行法，亦能使人安定身心，原理是依據「觀身、觀受、觀心」的法門。至於中國佛教，有漸悟與頓悟兩派的修行。漸悟的修行，非常重視打坐；頓悟的修行，不反對打坐，但亦不以打坐為主要方法。但是，多半的人是需要以打坐為基礎的。

六、禪與無我

宋朝時，有位大慧宗杲禪師，有一天他派一位尚未開悟的弟子名叫道謙，從浙江的徑山，送一封信到湖南的長沙，去給一位張居士。這位弟子相當苦惱，便發牢騷給很多人聽，他說：「師父不成就我好好用功修行，我已經出家二十年，至今連門都沒摸到，卻叫我去送信，荒廢了道業！」他的意思是，這麼去送信，來回千里迢迢，將寶貴的時間給浪費了。另一位開了悟的弟子，名叫宗元，聽到這位弟子發牢騷，就安慰他說：「你放心，我陪你一起去。在路上的一切，我都可以幫忙你做，只有五件事需要你自己料理，那就是著衣、吃飯、屙屎、撒尿、馱一個死屍路上行。」道謙聽了，不禁高興得手舞足蹈，欣然上路，後來也不用宗元陪他去了。

請問，那位笨弟子為什麼可以開悟？只因為一旦心無二用，便能雲開霧清，立見明月當空。出差前，他為追求開悟，並不知道開悟是什麼；在路上，他什麼也不管，什麼也不想，只顧他自己個人生活裡最單純的事情，穿衣、吃飯、上廁所，馱著死屍似的身體走，心中不再受到任何妄念所干擾，不想過去，不想未來，也不想現在發生些什麼事，只是很清楚地知道他在做著什麼。在這樣的情況下，煩惱愈來愈少，而情緒不會再波動。所以，他也見到了真實的世界是什麼了。他以前所見到的世界，都是以自己的知識和錯誤的感覺來做判斷的；現在，放棄了自我主觀的判斷，直接來體驗生活，所以才能看到真實的世界。

我們通常認為自己的自我是真的，自己的所思所見、所解所受也是真的，因為是我在想、我在看、我在聽、我在說、我在做；但是，我們必須承認一個事實：這些都是虛妄的。

舉例而言：我有位學生，認識我差不多有十年了，他以為他是在學禪，但是，我認為他是在玩禪，只是到我們禪中心來，看禪、聽禪、坐禪，但沒有很認真地來體驗禪的生活和禪的精神。

當他見到我時，剛剛和他的太太離婚，所以請求出家，我說：「你不能出家，應該再找一位太太。」嗣後的歲月中，他曾三度結婚又離婚，最近他來見我時，我問他：「你每次選擇結婚對象時，是不是出於你自己的意見？」他答：「是啊！我選擇的時候好像是我做對了，可是，慢慢地日子久了，便發現到我的選擇是錯誤的。」

這種人並不多，但是，我們每一個人事實上都像這個人一樣，對於任何事情的選擇、判斷，大概總是錯的多、對的少。所以人的生命的責任，便是在日常生活中，不斷地改正錯誤。

以上兩則故事，說明了人們大都不了解自己，故在大環境的影響下迷失了自己。我們通常所謂的自己，並非真正的我，因為我們所做的判斷，都是在當時的環境影響下產生的動作，所以那是環境而不是我。如果通過禪法的訓練，我們便會找回未出娘胎前的本來面目，那是不受環境影響的真如佛性。

所以，禪的最高經驗是無我，也就是先從錯亂的自我轉成穩定的自我，再捨穩定的自我而成無我。到了無我的程度時，才發現我跟世界，既不是統一的，也不是分開的。統一的是大我，分開的是小我，不一不異，無內無外，是一切事實的存在，卻沒有我的執著在其中。

七、禪修與學習能力

當我們學習一樣東西時，如果心力不能專一，注意力不能集中，則對所有的見聞覺知，都不可能在記憶中留下清晰的印象，學習效果不會很好。

例如：一張攝影用的底片，照第二次則出現畫面重疊，照第三次即可能變成畢卡索的抽象畫了。又如黑板，若已寫了字在上面，重疊塗寫便很難辨認其內容了；若把黑板先擦乾淨，不留任何痕跡，再把聽到的、看到的寫上黑板，就很清楚了。我們學習任何東西時也是一樣，學習前或正在學習時，要先把頭腦裡清理清楚，不要東想西想，只是注意地聽、注意地學，記憶力一定增強，理解力也會快速。所以禪修可以幫助大家提高學習的效率。

前面說過，禪的修行方法和觀念，可以使我們的心安定下來，便不會受了環境的影響而迷失自己，因此可以接受到更多、更真實的消息。我們也談到了禪法的修行不是一蹴即成的，需要付出耐心來練習。如果僅僅為了增進我們的學習能力與效率，打坐及參禪是最好的方法，至少也應該練習著隨時讓你的頭腦休息。

一般人由於身心緊張，所以影響到學習的能力和效率，應當常常練習放鬆頭腦，放鬆全身的肌肉和神經，讓身心獲得充分的休息。有時由於血液循環有問題，指揮全身放鬆而無法放鬆時，則應輔以輕柔的運動，身心自然健康，學習能力自然增長。

八、禪修與戒酒戒毒

剛才有人問我，禪修對於酒精中毒及麻藥上癮者，能有幫助嗎？

在美國，尤其是年輕的一代，沒喝過酒的人很少，沒有用過麻藥的人也不多。喝酒時會給人一種安慰感或安全感，用麻藥時則使人有一種天馬行空的感受。但是，酒醉或麻藥用過之後，身體的感覺則非常地不舒服。而且飲酒跟犯罪及意外死亡有密切關係，根據美國青少年酗酒情況的調查報告所稱，青少年死亡的主要原因有撞車、暴力攻擊、自殺，皆與飲酒有關；在美國青少年學生中，一半以上的性攻擊、約會強姦案，均與酗酒相關。其實，縱然不犯罪，飲酒吸毒都是慢性自殺的行為，所以必須戒酒、戒毒。

在禪中心，就有人是曾用十幾年的麻藥，而漸漸地改掉。因為，用禪的修行方法和觀念，能安定我們的身心，如果學會放鬆身心，這種感受，要比麻藥和酒的刺激更舒服。禪坐時，身體舒服，心裡平靜，如果一天有一次打坐時間的話，能使你覺得整天心裡平靜，身體舒暢。所以，如果是已經酒精中毒的人，或是麻藥已經用了很久的人，只要有一點決心學禪的打坐方法，學會以後，就能愈來愈覺得酒、麻藥並不是一種享受，真正的享受是打坐。

酒與麻藥，是讓我們緊張刺激、失去健康；禪坐的方法，是讓我們舒服自在、增進健康。但是，禪坐的方法不可能馬上取代麻藥、酒精的刺激，需要一天天慢慢地改善，要付出恆心及毅力，也需要親友的照顧、關懷與鼓勵。

（一九九一年十月十五日講於美國新澤西州州立蒙克萊學院，陳果剛居士整理）

禪的心靈環保

環保一詞，已是非常流行的現代語，它的意思是：保護我們生活環境的自然生態，使之產生自然的調節。如果破壞了自然生態的自然調節，就會為自然帶來災難，為人類的生存造成危機。

一、什麼叫作環保

人類也是自然生態之一，破壞了自然生態，人類大眾本身就是首當其衝的受害者。佛教主張不殺生，祈求盡量少殺一點。現在許多地方由於飼養雞、鴨，尤其是養豬，對四周的居住環境產生了破壞，水質、河流受到汙染。而在南美洲的亞馬遜河流域，美國及日本人在當地砍伐森林，拓展畜牧，將養大的牛隻，運回自己的本土銷售，他們雖然沒有破壞自己國家的環境衛生，卻破壞了地球上自然資源及生態的調節。

保護人類生活環境的衛生就叫作環保，人類生活是在地球，但是人類卻逐漸地將唯一能生存的地球，在化學、塑膠、放射能及機器運用所產生的廢水、廢氣、廢料中遭到破壞。譬如：我們經常使用的紙張、紙盒、紙盤、紙杯、紙巾等，這類東西的過量使用和浪費，不僅使地球失去森林，尤其所製造出來的大量垃圾，使得我們人類在講究自身的衛生之時，卻破壞了環境的衛生。紙盤、紙杯，由於是紙製品，若能處理得好，其中的一部分還可以回收後再製，如果是保麗龍的產品，就更難處理了。

許多人在提高人類生活的品質上，只注重物質生活品質的提昇，往往忽略了精神生活品質的提昇，這更是環境汙染的主要原因。從禪的精神來講：生活是以簡樸、整潔為原則。所以應該通過禪修的生活，來提高人類的精神品質，保護人類的心理健康，影響全人類的心靈，進而改善生活環境，達到全面健康的目的。

最近我去英國主持了一期的禪七，參加的人都是當地的心理學家、心理醫生、醫生及作家。他們都是很聰明的人，也都是替人家看病的人，但是，他們自己的病也很多，參加禪七就是來治病。因為現代的人類是生活在迅速變化、競爭激烈及到處汙染的環境中，使得心理無法健康。

如何達到心理健康的目的？最好是用禪的方法及觀念來疏導、來調整。

二、禪是什麼

（一）禪是清淨的智慧

一般人有執著、有自我、有自利的聰明，是不清淨的智慧。

（二）禪是無染的心靈

所謂無染，就是沒有分別、執著，沒有帶著情緒及自我中心的心理活動。

（三）禪是「無相」、「無住」、「無念」的精神境界

這三個名詞來自《六祖壇經》，是《六祖壇經》的根本思想或根本精神。

「無相」就是空，是即有即空的空，從有的現象看到空的本質，就叫作無相。如同佛前的供花，就是即有即空。花的形象是有的，因為無常的關係，故不

是永遠存在，因其經常在變遷。無常、變遷就是空，不是不變的存在，而是經常在變，因為在變，所以有相等於無相。現前有，進入未來即消失；剛才還有，到了現在又沒有了，這就是《心經》所講的「色即是空」。

「無住」就是空，這是講即空即有。無住就不會停止在某一個現象上面，現象既不能停止不變，便無從執著那樣東西是有的。既然不停止，不執著，而停也停不住，執著也執著不起，那已經知道是空。雖然是空，但是變遷的現象不是沒有。既然講無住是沒有辦法停留的意思，而不是沒有這個現象，所以這就是即空即有，也就是《心經》講的「空即是色」。

「無念」就是空，無念是心中沒有我執的念頭，沒有跟煩惱相應的念頭，沒有跟自私心相應的念頭，因此就是空。沒有情緒的波動，沒有自我的執著，因此，自我就是無我。

佛法講無我，就有人問我：「佛有沒有我？羅漢有沒有我？」我回答說：「當然沒有！佛是已經解脫的人，當然沒有我；羅漢也是沒有我，否則不能算得解脫。」因此有人反過來問我：「《金剛經》上的第一句是：『如是我聞』，其中又有一偈子是：『若以色見我，以音聲求我，是人行邪道，不能見如來。』連續講了兩個我。前面的『我』是已證羅漢果位的阿難尊者講的，後面的兩個『我』是佛講的，怎麼說沒有我呢？」我告訴他：「那個『我』就是無我，是假名的我，是為了說明一個現象必須提出有我有你，否則無法表達說話者的立場、無法表達佛的智慧，所以這個不是『我的情緒』、『我的執著』，而是為了表示無我的假名我。」

禪是絕對的無，不是跟有相對的無。《心經》中所說五蘊皆空，五蘊是指我們的物質的身體及精神的生命，這兩類加起來，若以智慧觀照，五蘊非我，五蘊皆是無常的現象，所以是五蘊皆空。

既然是空，就沒有我；既然沒有我，《心經》告訴我們解脫的時候叫作智慧，而不要想到具有智慧的我在。既然沒有我這樣東西，那個智慧是誰的呢？因此也不應該說有智慧。而修道者所得到的聖果、佛果，也是沒有的，因為如果有所得，一定是有我的。所以《心經》要說「無智亦無得」，《維摩經．觀眾生品》亦云：「若有得有證者，即於佛法為增上慢。」這也就是無我的意思。但這不是消極的，乃是積極的，因此《心經》中另外還有「無無明亦無無明盡」、「無老死亦無老死盡」的經句。如果有盡，盡了便在人間消失，那是消極。無明與老死既不存在，所以也不必畏懼。凡夫不斷地從生到死，是由於無明，解脫了就沒有無明也沒有老死。但是解脫了的人還是有老死的現象，只是不對老死產生執著、產生畏懼，不受老死的現象所困惑、所恐懼，這叫作解脫。因此叫「無老死亦無老死盡」，這就不是相對的無，也不是相對的空。所謂解脫生死的意思是：自由自在於生死，不畏懼於生死，這叫真正的無生死。可是解脫以後為了度眾生，還是會有生死，這叫作亦無老死盡。《維摩經．菩薩行品》亦云：「觀於無我而誨人不倦。」可知無我實是積極的。

不落空和有，叫作絕對的無，《華嚴經》中說有無盡的法界，有凡夫的法界，有諸佛的法界。法界的意思是指環境、範圍；不同層次的人，就有不同的環境和範圍。《華嚴經》講的無盡，那是指的絕對的有，那是真實的有。《般若經》講的空，是畢竟的空，也是絕對的空。所謂畢竟空是真正的空，也就是空空——絕對的空，並不是有、無相對的空。《華嚴經》講有，《般若經》講空，實際上都是講的不可思議的無。

不一不異是絕對的無，不是一，也不是二，那就是絕對的無。在《維摩經》裡常講「不二」——生滅不二、垢淨不二、生死與涅槃不二、菩提與煩惱不二，

維摩詰經裏常講不二
生滅不二
垢淨不二
生死與涅槃不二
菩提與煩惱不二也
就是無的異名
聖嚴法師語
永楨作圖

也就是無的異名。

三、禪與心靈環保的類別和層次

內在的心靈世界只有一個層次，我們叫它「法界唯心造」。所謂法界，一共有四聖六凡的十法界；或者是每一法（現象）的範圍，也叫作法界；或是每一類的眾生，叫作一個法界，這都是唯心所造的。唯心的意思有三點：

（一）觀想的

用意念或意志來作觀想：你想清淨，就得清淨；你想安靜，就得安靜；很熱的時候，你想不熱，就會不熱；很苦的時候，你想不苦，就會離苦。

在最近出版的一本叫作《求生存》的美國雜誌上，有這麼一個故事：有一對打獵的父子，在一個冬季，因飛機失事而掉入湖中，父親很快地就被凍死了，兒子一直想著：「我不冷，我不冷。」這樣慢慢地爬上了岸。上岸後，一共在森林中過了七十天，在這期中只有水喝，什麼都沒有得吃，他不斷地告訴自己：「我不餓，我不餓，我不冷，我不冷。」等到被人發現時，他雖已瘦了，僅剩下七十九磅，但還是活著的。他的意志力及意念，使得他活著回到了人間。

（二）體驗或心驗

經由觀想、持誦、禮拜或祈禱而達到的一種效果。觀想完成而見到淨土、佛、菩薩；持誦、禮拜、祈禱完成而見到佛國、天國、神仙。這都是當事者個人的體驗，其他的人無從分享。

（三）事實的實踐

心中所想的或希望的事，自己便朝著目標去努力，以實際的行為，來改變現實的環境。也就是依據自己心中所想的，不僅用嘴巴宣傳呼籲，尤其要身體力行，百折不撓地全力以赴，便能改變現實的環境，這也是唯心所造的一種模式。

禪的世界是內外統一的，內心世界不離現實世界。禪者的內心世界是純樸的、無瑕的；他的物質生活是簡樸的、自然的。而外在的世界，在他看起來，並沒有離開他無限大的心量。因為禪者的內心是無私的、無我的，所以也是無限廣大的；既然是無私的、無我的，外在的環境並沒有離開他自己的心性。因為自心是清淨、無私、無染的，所見的外在世界也會無私無染的，又因為自性即是清淨的空性，所見的外在世界也是無相無著的。既然禪者所體驗的世界是內外一如、無私無染、無相無著，那又何處不是佛國淨土呢？只因其他眾生仍在充滿煩惱的情況下生活，所以必須宣揚心靈環保的理念及方法。

由於禪者的心靈是層次分明的，並不因為無我、統一而混淆了，故對於外在世界，仍有認識和反應作用。一位高明的禪修行者，當他跟人相處之時，或者處理事務之際，能以純客觀的智慧，做善善惡惡、公是公非的判斷。他會以此自化化他，那便是菩薩道的實行者。

一位有了禪修體驗的人，不一定就是完全解脫了的人。他已有攝心、安心的經驗，也有相當程度的智慧，會知道自己有些什麼缺點，既有自知之明，也會坦白向他人承認自己的缺點，這也正是他內心的反應。所謂明心，是首先明瞭自己的煩惱心是什麼？有多少？往往是從對於環境的接觸及思想的矛盾，才能反映出內心的煩惱。煩惱如賊，只要你面對它，它就隱匿起來。於是不隱瞞缺點的人，他的心也就比較明朗、坦誠、謙虛、和善，他會說他應當說、可以說、如實而說的話；他會做他應當做、必須做、如實而做的事。

從心靈的淨化到精神的提昇，要用觀想的方法。最常用的是數息觀、不淨觀、念佛觀；另外尚有其他的方法，例如：用禮拜、持名、諷誦，以及默照、話頭等。這些方法都能使我們的身心淨化，也能使我們的人品提昇，從行為改變觀念，再從觀念的改變，來達成人格的淨化與精神的昇華。除了觀想方法以外，當然還需要配合無我的空觀，才能產生無私的智慧。

四、禪的修行與心靈環保

環保必須從我們的生活簡單化、純樸化著手，除了必須用的，不要多用，更不要浪費。對我們擁有的生活環境，要知福、惜福、保護。我們應該以禪修的方式做為生活行為的準則。例如：我們在禪寺吃飯，不浪費一湯、一菜，乃至一粒米、一滴水，就是連吃完飯後的碗、筷，都要用少許的水在碗內清洗後，將水喝下。現代人多半有浪費東西的習慣，吃不完就倒掉，用不完的就扔掉，雖然是用自己賺的錢買的，但是浪費了東西就浪費了屬於地球上全體眾生共同的資源。地球上很多的資源是愈來愈少，而只有人類是愈來愈多，如不設法淨化人類的心靈，簡化人類的生活，而只提倡環保，無異是本末倒置。

禪的修行，能使我們主觀的內心世界和客觀的生活環境合而為一，那不僅僅是心理的想像，也不是眼不見為淨的自我安慰。禪的修行者，一定會將內心所體驗的，表現到外在世界來，自己體驗到的，必定也勸導他人一同分享，也會影響他人、帶同他人，來共同達成心靈環保的任務。

自然環境的保護，一定要靠人來完成，為了能達成此一任務，必須從全體人類內心的意願及認識做起，進而身體力行。如果僅有意願及認識，力量也有限，必須用觀念來疏導，用方法來實踐。這樣才能達到淨化人心、淨化社會、保護自然環境的目的。

（一九九二年四月二十六日講於美國紐約東初禪寺，吳昕儀居士整理）

禪的知與行

一、前言

謝謝貴校宗教系的邀請，也謝謝倫納德．斯威德勒（Leonard Swidler）教授為我所做的介紹。天普大學（Temple University）雖然是我初次訪問，卻已嚮往很久。尤其貴系所的傅偉勳教授，是我多年的老友，今天相見，特別高興。

七天前我在亞利桑那州州立大學（Arizona State University）的杜克松（Tucson）校區演講「天台止觀」，昨天我在紐約州的康乃爾大學（Cornell University）演講「以《法華經》為基礎的修行方法」，今天我到貴校講「禪」，好像我什麼都會講似的，其實我每到一處演講，都是在接受行家的考驗。今天的題目「禪的知與行」，也是諸位教授和研究所同學們熟悉的，我能不能通過測驗，尚請諸位在聽完之後，高抬貴手，把分數打高一點。（掌聲）

二、不立文字

禪是不可以講的，故稱為「不立文字」的「教外別傳」，只要是用嘴巴講出來的，都不是禪。曾有一位禪師，在他快圓寂的時候，他的弟子請教他：「師父，您快圓寂了，請對我們說幾句話吧！」他說：「我這一生，最大的毛病是話太多了，現在，快要死了，你就饒了我吧！」但是今天我還沒有要死，既然來了，當然要講幾句話的，等我要死的時候，也希望學學這位禪師。

各位都知道「拈花微笑」的故事。在釋迦牟尼佛臨要涅槃之際，召集了所有的弟子，手中拿了一朵花給大家看，什麼話都沒有講，弟子們不知道其中的奧義，只有被譽為頭陀第一的弟子大迦葉尊者，看著這朵花，微微地一笑。釋迦牟尼佛也點頭含笑，知道大迦葉已懂了他的意思。所以最好的解釋就是不講話，不講話就是最好的解釋。其實，不一定要拿花，我現在手上拿著一張倫納德·斯威德勒教授剛才給我的名片，你們看，這是表示什麼？沒什麼，只是名片而已！

（全場大笑）

另外，在中國禪宗的馬祖與百丈，他們師徒間也發生過一件公案：有一天，

有一天馬祖與百丈兩人在外面散步正好遇到一群野鴨
在空中飛過馬祖問百丈你看到嗎那是什麼百丈回
答看到了是野鴨馬祖再問現在呢百丈說已飛過
去了馬祖轉身扭住百丈的鼻子再問現在呢現在
呢百丈就這樣開悟了

他們兩人在外面散步，正好遇到一群野鴨在空中飛過。馬祖問百丈：「你看到嗎？那是什麼？」百丈回答：「看到了，是野鴨！」馬祖再問：「現在呢？」百丈說：「已飛過去了！」馬祖轉身扭住百丈的鼻子，再問：「現在呢？現在呢？」百丈就這樣開悟了。各位，想不想試試，也讓我來扭住你的鼻子？有效，一定有效果，會痛。（全場笑）

禪的智慧，看起來好笑，其實不是。首先要把心停留在現在，現在是最重要的。不想過去也不想未來，現在便沒有這回事了。心裡面如果留著過多的痕跡或回憶，在普通人來講，是必然的，但在一個禪師的立場，已經有了開悟的智慧，過去已去，未來未來，現在則是心中了無罣礙，不有任何東西，經常保持非常地明淨和清靜。

三、超越依賴

禪的智慧是開悟，所以不是靠我們的思想去推敲的，不需要用理論、邏輯來辨證。下面講兩個例子：

第一是阿難尊者的故事。釋迦牟尼佛涅槃後，大迦葉召集了五百個阿羅漢來編輯審定佛所說過的經典，阿難記得最多，因此他一定要參加，如果沒有他參加，這一次的編輯大會就不能成功。他出家很久了，始終覺得他是佛的最親近的弟子，也相信佛一定會幫助他開悟，結果佛涅槃了，他並沒有開悟。這一次，他一定要參加這個五百人的集會，可是他不是阿羅漢，他就想到了大迦葉很慈悲，一定會幫助他開悟，結果就是大迦葉在會場門口擋住他，告訴他：「你不是阿羅漢，不可以參加！」阿難問：「那你如何能幫助我成為阿羅漢呢？」大迦葉說：「誰都幫不了你的忙，你請走吧！」這時的阿難，失望到了極點，覺得世界上誰也幫不上他的忙了，因此回到他的僧房，準備打坐了，他說：「現在，我什麼人也不要倚賴了。」結果呢？他還沒有坐下呢，就已經開悟證了阿羅漢果。這就是因為他放下了所有的依賴——對人的依賴、對理論的依賴、對他自己所知所能的依賴之後，就能開悟。

四、自性是空

另講一個深一點也難懂一點的案例。

有一部《楞嚴經》，介紹了二十五個開悟的例子，各各不同，稱為二十五種圓通法門，其中最著名的是觀世音菩薩的「耳根圓通」。耳朵是聽聲音的，觀世音菩薩即是從聽聲音而開悟，先聽聲音，慢慢再聽聲音的本性。其實聲音的產生是因緣和合而成的，沒有產生以前和產生以後都是沒有聲音的。在產生的時候也是配合了其他的因緣才產生出來的。當發現這樣的事實後，他便「聞所聞盡」，沒有能聞及所聞，「動靜二相，了然不生」。內在看自性，外在聽聲音，都沒有自性。因此他便「入流亡所」，「入流」是入空性的流，進入自性本空的流，「亡所」，是指所有主觀的自我和客觀的環境都不見了，也就是說，內在的自我和圍繞著自我的環境都沒有了。既然經驗到了內外皆空，被哲學家們當作本體的自性都是空性，那還有什麼話可說的呢？

以上的這段話，諸位聽懂了嗎？能夠聽懂的人，當然是有智慧的人，不過，聽不懂的才是更有智慧的人。（大家笑）

禪的智慧，作用在於安心，如何能使心安呢？由於禪的智慧，本身就是無心，例如：聲音本身並無不變的自性，能聽的心也不是真實的有，所以不論內在與外在，都是現象的有，自性都是空的。由此可知，我們平時的心理現象，都是虛妄不實的，若能體驗到無心，就能安心了。

五、無心與有心

禪宗的初祖菩提達摩，到中國後在嵩山面壁，後來被稱為禪宗第二祖的慧可禪師前來向他求法，要求替他安心。菩提達摩問他：「你若能把你的心拿來給我，我就替你安啦！」慧可回過頭來找自己的心，結果發現自己竟然沒有心可找，這時菩提達摩便說：「好，你既無心可找，我已替你安好心了！」

這個故事聽起來好簡單，其實很不簡單。由於我也時常教人打坐、參禪，所以也常遇到有人來請我替他們安心，我也學菩提達摩，教人把心拿出來給我，我來替他們安心。哦！可惜我的運氣不夠好，來找我的人，都不是慧可，教他們找心，他們能夠找給我成串成箱的很多心，他們會告訴我：「我現在心很難過、心很困擾、很痛苦、很煩惱，難過的是……，困擾的是……，痛苦的是……，煩惱的是……，不得了的是……。」因此，我已不像是一位禪師，倒是常常被人家當作垃圾桶來丟垃圾（大家笑），我收下了大堆大堆的垃圾之後，總算也幫助了一些人，但是並不能幫助他們以無心來達成安心的目的。

你們的心能安嗎？要不要我來幫忙？我想，在各位心中，也有不少的垃圾。

凡有垃圾在心，便不是無心，便不能真正地安心。我們要了解，二祖慧可為何找不到心？一定是他自己先已用過功的，一定先已經過一段長時間的修行才會達到「找心無心」的境界。

所以禪的智慧，並無定型的模式，是可因對象、時間、空間的不同，而做靈活的運用。目的在於因勢利導，使得眾生去黏解縛，遠離煩惱。因此，需要不同的經典，說不同的法門。所以法無定法，真法無法，真心無心。

六、無與有都對

馬祖有一位弟子叫智藏禪師，有一天有位在家居士前來向智藏問法：「有沒有天堂和地獄？」禪師說：「有啊！」居士又問：「有沒有佛、法、僧三寶？」禪師又說：「有啊！」居士問了很多問題，智藏禪師都說：「有啊！」

可是這位在家居士曾經聽過禪師說法，不是說有，而是說無，所以使他覺得奇怪，便追問智藏禪師：「你大概是弄錯了吧？我在徑山和尚那兒聽到的，與你所說的完全相反，他說一切都是沒有的。」禪師立即問居士：「你有老婆嗎？」居士說：「有！」禪師又問：「那徑山和尚有沒有老婆呢？」居士說：「唉呀！

他是個和尚，當然沒有老婆囉！」這時智藏禪師就告訴他說：「徑山禪師說沒有是對的，你說沒有，那就錯啦！」因為徑山和尚已是悟後的人，已證實相無相、真心無心的境界，他說一切皆無當然是對的，至於這位居士，心中的問題太多，豈能說無呢！

七、現在最親切

禪的智慧，就是現實的生活，有人說：「活在現在，佛在現在。」不必論過去未來，現在最親切。

例如：仰山禪師問他的師父溈山禪師：「您過世之後，如果有人問我們，您傳的法是什麼？叫我怎麼回答？」溈山禪師說：「很簡單啦！每天一餐粥、一餐飯。」（叢林寺院的僧侶，每天過午不食，故僅早、中兩餐）

又如：有源律師問大珠慧海禪師：「什麼是您用功的方法？」大珠慧海回答說：「肚子餓的時候吃飯，身體累的時候睡覺。」他不講仁義道德的大道理，只是教人照顧好現實的正常生活。

再如：趙州禪師，曾經找了兩個人問話，一個是剛剛來到的出家人，趙州問他：「你來過沒有啊？」回說：「是新到的。」趙州說：「那你去喝茶吧！」趙州又問另外一位：「你是新來還是舊住？」回說：「是舊住。」趙州也說：「那你去喝茶吧！」這時，立在一旁的一位院主感到不解，便問：「和尚啊！真奇怪，對於沒有來過的人，您叫他去喝茶，對於已在這裡舊住的人，您也叫他去喝茶，到底是什麼道理呀？」結果趙州禪師招手說：「院主，你來。」院主問：「做什麼？」趙州說：「你也去喝茶吧！」這個時刻，正好是寺中喝茶的當口，讓每一個都去喝茶，如此而已。

再講一個趙州禪師的故事：一日上午的早餐後，有位出家人問趙州：「我非常地愚笨，而且煩惱很重，請和尚給我開示。」趙州說：「好啊！你吃過粥了沒有？」那個出家人答說：「我吃過粥了！」趙州說：「你吃過粥了，那就去洗碗好了！」

我們從這些公案看，好像做一個禪師很容易，他可以隨便說，說有說無都可以，只要叫人吃飯、睡覺、吃粥、喝茶、洗碗就行了。但是禪師們在沒有開悟以前，卻是要付出長期修學的代價。一旦開悟以後，心無染著，不滯一法，所以他們說什麼都是為了對象，不是為了他們自己。如果你還沒有開悟，你也可以冒充著像是一個已悟的禪師，你可以胡說八道，但是很快便會露出馬腳！悟了的人，畢竟不同於未悟的人，偽裝的灑脫，絕對不會像是真正的無我與自在，所以要做一個假的禪師，也不是那麼簡單的事。

八、徹底解決問題

許多人不知道自己有問題，許多人在自己有問題的時候不知道怎麼解決，有許多問題可從環境或觀念的改變去解決，但是，有很多問題卻不是如此就可以解決的。世界上能解決的問題都是暫時的，因為不容易徹底地解決問題，人就很難得到安全感。但是，禪坐能幫助我們得到身心的平和；開悟可讓我們的心得到自由和解脫，不受環境和自身的影響。所以若能親自體驗到「無心」，便可以解決一切惱人的問題；那就是面對事實，當怎麼做就怎麼做。但請不要誤解，不可將「無心」當作無用的心，也不得把植物人那樣的情況看作禪悟的「無心」。因為禪悟的「無心」是對於現實的一切仍要積極地參與，只是其中沒有自己的得、失、利、害等我執煩惱在內。

九、日常生活的禪修

禪的智慧，要能用在日常的生活中，而不是光在打坐的時候才用到禪的。如何在日常生活中練習和經驗禪的智慧呢？那就是當我們做每一件工作之時，都要專心。例如：在煮菜時專心煮菜、吃飯時專心吃飯、開車時專心開車、睡覺時專心睡覺。既要專心工作，且要放鬆身心，如果在緊張的心情下去做任何事，就與修行相違背。為什麼會造成緊張的心情呢？不外三個原因：一是擔心做不好，二是擔心做不完，三是希望能做得更好。在做任何工作時，只要能認真，很清楚地知道自己在做什麼，很用心，很專心，而又很輕鬆地把它做完，一定能做得很好，同時也不會覺得太累，便是禪修者的生活方式。

一〇、悟後的日常生活

如何是開悟以後的日常生活？有位黃檗禪師曾說：「即使整天吃飯，沒有咬到一粒米；即使整天走路，沒有踩到一塊土。」他的意思是說，吃飯、走路等，每一件日常生活中的事都照常在做，但不是為了自私的「我」在做，所以「我」

也未做任何事。開悟的景況在禪宗形容為「黑漆桶兜底戳穿」，連桶板也碎成粉末不見了。這就是從「自我」得到了解脫。另有一句形容的話是「虛空粉碎，大地落沉」。頭頂上空的太虛空都消失了，處身立足的地球也不見了，時間與空間都不存在了。這是將全體宇宙的大我，形容成了障礙我們獲得解脫的黑漆桶，此時已被徹底爆炸清除。這便是開悟的經驗在你面前出現，但它不是可用任何形象和質量來讓你取得的東西。其實，開悟後所獲得的東西，便是放下一切，包容一切，能夠放下是智慧，能夠包容是慈悲。

二、如何清理垃圾

這一趟天普大學之行，正在該校留學的陳美華，給了我許多方便，也託她做了一些事後的打點，故將她給我的一紙短箋附錄並解答於後。

師父慈鑑：

師父送給幾位教授的書，已於上星期一收到。上星期三已將之送給長友繁法教授，這星期三，將給 Dr. Raine、Dr. Swidler、傅偉勳老師、Dr. Cannon

四位教授送去。

在弟子去見長友教授時（他在日本有過禪修體驗），他向弟子表示，師父已得臨濟真傳，教法直接而當下。他除了謝意外，並要弟子代他向師父請教一問題：當師父在演講中所提到的那些「垃圾」來時，師父如何清除？請就理論和實踐面言。

恭請慈安

弟子美華頂禮
一九九三年十一月三十日費城

我的解答是：首先靜聽對方傾吐他們胸中的「垃圾」，待其告一段落，即以認同的方式接受他們的「垃圾」。次以佛法的因果及因緣的理論，說明世事的實況及世事的無常，然後勸導他們向自己內心求安寧。方法則是試著做禪修的工夫，要他們將怨怒不平的感受、想法、情緒，轉移方向，改善自己，他們的麻煩問題便會愈來愈少。所以我也不必像心理治療醫生那樣，需要他們定時定期來向我「倒垃圾」了。

（一九九三年十一月十七日講於美國賓州費城的天普大學宗教系研究所，簡海蘭居士整理，十二月五日聖嚴修整補充成稿）

禪與藝術

非常榮幸能到普渡大學（Purdue University）與諸位談「禪與藝術」的主題。其實我對藝術是外行，而且藝術的範圍包含很廣，不只限於畫家，其他有音樂家、雕刻家、建築家，至於禪的藝術乃在與日常生活中的吃飯、喝茶和睡覺等動作和環境有關聯。

我們欲了解禪的內容與藝術的關係及其對藝術的影響，得先從佛教講起。在東方，禪在藝術的領域裡究竟產生了一些怎樣的作用與影響，這得從了解禪著手。又因為禪是從佛教中推展出來的，所以先簡單介紹佛教的背景。

一、空與無常

禪宗並不是在印度就存在的，它卻是從印度佛教的基礎上發展出來，所以叫作禪的佛教。而佛教在印度提供了兩個觀點給人們：在理論上提出了「空」的觀念；在方法上提出了禪修的功能。這給人們帶來了很大的幫助。「空」這個觀念，是基於世間所有一切現象無時不在變化，又名為「無常」。無常的意思就是沒有任何一種現象，是永遠不變的，即無永恆的存在，沒有永恆所以叫作「空」。這個空並非什麼都沒有，而是在一切事實現象的同時，本身並不是真實不變的存在。而無常和空這個觀念，亦是佛教與其他哲學宗教所獨特不同的地方。

從禪的修行立場來看，我們這個世界是無常的，一切都是空的。而無常和空就是世間的事實，所以既然是事實，一切事實本身就是無常，就是空。我們每一個人不論是否知道空或無常的觀念，對現實環境裡的自我，很少願意體認無常是事實。因此帶來了自己內心的矛盾，並造成周圍環境裡的人、事和自然界的現象，產生心理上和身體上的衝突，而增添許多困擾，我們叫它「苦難」。

禪的修行方法是要把我們散亂的心變成集中，從集中變成統一，從統一到沒有執著，我們叫它「無心」。到了無心的階段，空的體驗也就出現了，此即是悟境，亦叫作「真的智慧」。這個階段一定要慢慢地來，像爬山一樣，從山腳下爬上去，爬到最高點。

而統一的境界又分有幾個層次，第一是我們的身體和心合而為一，也就是沒有身體的負擔，身和心不分開。第二是內和外的統一，也就是我們自己的心和外面的環境合而為一，所謂天人合一，這已是不容易做到的。第三則是前念和後念的統一，我們叫作入定，那更不簡單了。前念和後念根本無間隔距離，即無前念亦無後念，這是必須入了深定才能體驗得到。若已達到天人合一程度的人，則可以成為大藝術家、大宗教家或大哲學家了。

至於禪的智慧是「空」，若要體驗到空，則當超越統一的層次。佛法在指出空與無常之後，就是要幫助我們，一方面去面對無常與空的事實，另一方面從無常和空的觀點去得到自我的解脫和跟人和諧相處，樂意接受自然界的現象，並且適當地設法改變它，這才是佛教的宗旨。

佛陀告訴我們要用生活的實踐來達成目標，第一要持戒。所謂持戒的意思是，我們應該做的必須努力去做，不應該做的，對自己、對別人無益的，就不要做。一方面我們的心也是需要調整，如何調整自己的心是相當難的，最好的方法就是要修禪定的一種工夫。所以身體行為的改善要靠持戒，心的行為改善則靠修行禪定的工夫。因此若能配合佛教的理論，認識空與無常，那就叫作智慧。如果不能配合禪定和持戒，僅僅知道無常和空，那只是知識層面的了解，對我們日常生活幫助不大。必須加上持戒和禪定的修持，才能夠真正在實踐上一面理解空與無常，一面使自己的生活跟空與無常相應。

二、頓悟與漸悟

中國的禪是從印度佛教的智慧與禪定的修持結合而成。在印度，智慧是通過禪定之後才落實，而在中國的禪宗一開始，它的目標即是智慧的開發。如果能夠開發智慧成功，那不僅僅是知識的了解，且有助於我們理解空的事實是普遍存在，這才是禪的功能和理念。但是中國的禪又分頓悟和漸悟，其實二者是殊途同歸的。有的人會在突然間發生開悟或發現智慧的經驗，不過，絕對多數的人，修行過程必是漸進的。做個比喻，好比兩個人要爬同樣的山，只是一位在有霧的氣候下進行，已到了山頂他還不知道，待霧突然間消散了，這才明白到了山頂；另一位是在好天氣下登山，在未上山前就已看見山頂，然後一面爬一面埋怨為何還未到達。這二人哪一位是頓悟？哪一位是漸悟呢？是在霧中爬山的那位合算呢？還是未爬山前就看到山頂的人幸運呢？

不少人來跟我修行禪法時，都希望求得頓悟而非漸悟，我向他們保證：「會獲得頓悟的。」他們又問：「怎麼個頓悟呀？」我說：「慢慢地修行，修到最後，一下子開了悟，就是頓悟啦！」雖然市面上有售一種即溶咖啡，或速食快餐，但在修行的方法中，都還需要下點工夫才能達到目的。曾有人問我：「要怎樣才能開悟？」我說：「要看人的根器，根器深厚的開悟就快些，根器淺薄的就慢些。」又有人問我：「怎樣才能知道是深是淺？」我說：「不管根器深淺都應該好好去修行。」又有人問：「如果知道自己根器淺的話，那就不必修行了嗎？」我說：「就因為發現自己根器淺薄，才更需要去努力修行呀！」

三、禪的藝術

修禪要怎樣才能開悟？而悟後是怎樣的一個境界？這跟禪的藝術有關係。因為得到禪的悟境及經由悟境後的境界，體驗而用生活方式表現出來的，那就是屬於禪的藝術。

其實我們每一個人都是生活在藝術的環境裡，不論是否已體會到我們的環境本身就是藝術。而一個禪的修行者他所體驗到的生活環境是跟一般人不一樣的。

正宗少林拳是富
有禪的精神所表
現出來的動作
緩慢中有動力
快速中有定力
聖嚴法師語

一般人所見到的世界，是混亂的、誘惑的、矛盾的，可是有禪悟經驗的人所看到的世界是和諧的、穩定的、清淨的。這就是因為一個是以矛盾的眼光來看這個世界，另一個是以和諧的眼光來看這個世界。好比牙齒咬到舌頭，這是矛盾的嗎？事實上是和諧的，它們由於火氣上升，便發生碰在一起的現象。所以牙齒咬到舌頭不要感到倒楣，因為它們湊在一起就會咬在一起了，何不以欣賞藝術的眼光來看這檔事呢？

你們可聽過禪宗寺院裡的唱誦跟一般的流行音樂、古典音樂有何不同？不論是在中國、日本或西藏，佛寺的唱誦讓你聽了以後心會安寧、穩定、平靜，不會有興奮、浮躁及憂鬱的情緒產生。那是什麼原因呢？其實它並非故意弄成這樣子，而是經由禪的修行者表現出來的聲音，自然而然會有一種和諧、穩定及寧靜的感覺傳遞出來。雖然以聲音來表達，它卻是平靜的，且有韻律，使你的心平定下來達到一定的境界，使得塵勞全消。

武藝，是中國古代六藝中的一項，傳說它是少林寺的和尚所發明出來的一些動作，本不是為打架用的。平常一般人打架都很粗野，在戰場上殺伐則更凶殘。但是從少林拳表現出來的動作，卻是那麼優美，而且有力中含著穩定。少林拳本身並無殺傷之意，防身和健身才是它真正的目的。因為它是經由一個修過禪行的人所表露出來的招數，不論是用拳、棒、刀、棍，動作都是那麼優美，儼然成為一種藝術的表達。難怪許多人著迷於武俠影片，就為了欣賞其中的動作。可是當今武俠片中的武術表現，禪的精神已不復見。在我所學過的少林拳，富有禪的精神所表現出來的動作，緩慢中有動力，快速中有定力。基礎拳法，比劃起來則會感到無聊、乏味，因為太慢缺少刺激感，只有練拳的人自己欣賞，來安定身心，平衡身心，是在動中取靜。

中國的古詩作品，受到禪的影響也不少，由其領受禪的思想和修養深淺，就可看出他們風格的高下。而禪師和學過禪的人所寫的詩也與一般人不同，不同在哪裡？多了一份空靈感，也就是不容易捉摸也不需要去揣摩它，但讓你看了就明白它在講的是意在言外。此種精神，也同樣呈現在繪畫的作品中，譬如：畫月亮時不畫月亮只畫雲，畫水時不畫水只畫船。畫船不畫水，畫雲不畫月，但是你一看就知道那兒有水、有月亮。這些都是受到禪的意象所表達出來的；也就是說，虛在實中，實在虛中，虛實本是同樣東西。實際上也就是無常的變化，從空看有，從有看空。

還有日本的花道、茶道和庭院的園藝，也都跟禪有關係。以插花來講，西洋插花總是插得滿滿的花團錦簇，這叫作湊熱鬧。而中國古典插花及日本花道，只是一、二朵花配上一根枯枝，幾莖草葉，看起來簡單卻風姿綽約，也頗具詩意。其茶道更為講究，客人正襟危坐，不准講話，只能一旁慢慢欣賞主人如何煮茶、沏茶、奉茶，之後細細品味，完全浸陶在一份安詳寧和的氣氛中，不似一般俗漢，三五好友聚在一起，一邊牛飲茶水，一邊大聲談天。所以在日本品茶，是要練習使人內心平定，不要心浮氣躁，若是犯有輕浮毛病的人常去品味日本茶道，相信是會有幫助的一種修養哩！

在禪宗的寺院裡，一向擺設簡單、整潔，此風格也同樣呈現在不少日本家庭裡僅有幾方尺大的小庭院上。寥寥可數的盆景，一覽無遺的視界，地方雖小卻有股說不出的舒適感。不像一般中國家庭的前後院蒔瓜種菜，雖是善加利用土地，卻是顯得雜亂。而這質樸、簡潔的生活環境空間配置，也是經由禪境而悟出來的氣質。

講到吃，中國人是最拿手的，雖然廚藝也不錯，但真正的好廚藝卻是在禪的寺院裡。至目前為止，我們寺院裡的食物，口味清淡、簡單而營養，食之彌久不厭。所以餐館裡的素菜，是迎合一般人的口味，沒有禪意，寺院裡的雖是粗茶淡飯，倒是香甜可口。時下在日本東京和京都等地有幾家素餐館，模仿禪宗寺院裡的料理，做得極精緻，清淡可口，的確非常好吃，但是價格奇貴無比，又失去禪宗的風格了，所以去吃的人不在做禪味的體驗了。

由前面所舉的例子，不難發現，若有禪修體驗，我們的日常生活，便與藝術脫離不了關係，假若細心去品味，豈非處處都在顯露禪機呢！其實藝術是禪的副產品而已，修禪的目的不在藝術的表現，而在協助我們解決生活上的困擾及身心上的苦惱，這才是修禪的真正意義。如果是為了藝術而來學禪的，雖也能達成目的，不過是本末倒置了。

（一九九二年十月二十三日講於美國印第安那州的普渡大學，張智惠居士整理）

生命的圓融

諸位老師、諸位同學：記得去年和前年，我都在貴校做過演講，所講的題目都是同學們給我擬訂的，今天的講題也不例外。現在我們就「生命的圓融」，分四個段落來說明。

一、何謂圓融

圓融，是佛學上的名詞。比如《楞嚴經》卷四，如來云：「地、水、火、風，本性圓融。」中國的天台及華嚴二宗，對圓融之理，發揮得最詳盡。

圓有圓滿、圓熟、圓通的意思。圓滿是不缺少，缺則殘，少則虧；圓熟是不生硬，生則自感苦澀，硬則自傷傷人；圓通是不阻礙，阻者停滯，礙則損失。

人都祈求圓滿，比如說：希望財富圓滿、事業圓滿、家庭圓滿等等，不圓滿則不幸福。

圓熟是完全的成熟，不是勉強的。一個人的人格達到成熟或圓滿的境地，便是「完人」。所以大家都盼望自己在有生之年達到圓熟的程度。

圓通是佛學專有名詞，圓是性體周遍，通是妙用無礙。《楞嚴經》有二十五位大士，各個依一門而圓通諸門。

如果自身是圓形的，又能繞著圓的形狀走，便不會遇到障礙，且能四通八達，無論從哪一點起步，都通行無阻。時間的流轉或循環，空間的迴旋或運行，都可根據圓的道理來形容。

圓融是圓滿的融和、圓熟的融合、完全的交融。融和是不衝突，沒有利害、彼此、前後的衝突。融合是不對立，沒有你我、內外、大小的對立。交融是大同不礙小異，同則不會摩擦，異則各顯其用。

譬如：這間教室裡的八盞燈，同時打開，則每盞燈的光，互相交錯，彼此不相妨礙，這就是融和、融合、交融。燈和燈彼此是個別獨立發光的體，但所發出的光是相互融通的；換句話說，是在差別中不否定整體。差別的任何個體各有其價值和作用，而價值與價值彼此之間，不但不相妨礙，且是相輔相成。

我們看到教室裡每盞燈都個別地在放光，光與光交互集中在一起，光的亮度便相對地增加。因此每一個生命與生命之間，應該都有圓通和圓融的關係，這才是理想的社會及理想的世界。否則的話，我們只看到衝突、矛盾、差別，彼此互相猜忌鬥爭，那麼社會將是到處混亂的，人間必是互相傷害的，這是非常不幸的。

二、何謂生命

(一) 生命之定義

「生」為物體在空間位置中的發生，「命」為物體在時間單位上的延續。凡是發生了的物體，在時間上繼續地發生下去，便是生命。譬如：草木等的生物，或人類以及其他的動物，以及一粒種子或胚胎開始萌芽，並繼續不斷地變動、成長，這就是生命。

(二) 生命有兩類

1. 無情的生命：如花、草、樹木等的植物。

2.有情的生命：如人、畜，乃至昆蟲等的動物。

也有人提出反對的意見說，花、草、樹木也有感情。只要有人天天去照顧它們，或對它們說話，放音樂給它們聽，它們便長得非常茂盛且生機盎然，反之，若不愛護照料它們，或者成天地詛咒它們，則可能會逐漸地枯萎而至死亡，所以認為草木也應該算是有情。

其實，有情的動物與無情的植物，最大的不同處，在於神識及神經的有無。植物無神經，亦無神識，只有自然的反應，沒有苦樂的感覺，也無死亡的恐懼，故稱無情眾生。有情眾生，乃有求生之意願，也有死亡之畏懼。

恐懼死亡是人內心的活動，而直接感受到傷害卻是神經系統。神經使得我們的頭腦產生記憶，從記憶的累積而變成知識，從知識轉為思想，再由思想產生死亡的恐懼。這種記憶和了解，便非植物所能。若僅有神經而無思想記憶者，可稱植物人了。

人類的恐懼不僅僅是恐懼當時的危險，而且也憂慮未來任何危險情況的發生。因此人類的恐懼心，比任何種類的動物都來得敏銳。愈是低等的動物，愈沒有思想和記憶。僅是單純的神經反應，受傷的當下會痛，痛過以後便忘了，因為牠沒有記憶，故也不知憂慮。高等一點的動物，如老鼠、貓、狗等都有記憶，所以牠們怕受傷也怕死。

若以佛的法性身而言，有情無情，毫無差別；依凡夫的層次而言，無情物不是有情眾生，不能說沒有差別。

三、生命的差別相

差別和統一是相對的。譬如：我是出家人，你們是在家人；你是男生，她是女生；我是老人，你們是年輕人等等。差別相可以歸納成兩點來說明：

（一）有情與無情的差別

動物與植物是有差別的。張獻忠的〈七殺碑〉說：「天生萬物以養人，人無一善以報天。」天是整體的，而天下確有種種的差別相，這差別相是指萬物。有人再把人和萬物分開，認為除了人以外全部是萬物，不管動物或植物都是用來養育人類的，這種思想和《舊約．創世記》有類似之處。

〈創世記〉說到神創造萬物以後，要人管理海中的魚、空中的鳥、地上的活物，上帝將地上的植物、菜果賜給人做為食物，又將草木賜給鳥獸等做為食物。這裡的「上帝」也是整體的，上帝所創造的人、菜果、萬物便有了差別，上帝創造的萬物中，又分無生的礦物，以及有生的動物和植物，有的是供給人與動物住的、用的，有的是給人吃的，有的是給動物吃的。這些便是有情的動物和無情的植物、礦物的差別相。

佛法則將世間萬法，分作五陰世間、眾生世間、國土世間，或分作五陰、十二處、十八界，對於精神、物質、身、心、自然環境等，分析得非常清楚。

（二）凡夫與聖賢的差別

在有情之中，凡夫有六類：天、阿修羅、人、畜生、餓鬼、地獄；聖人有四類：佛、菩薩、獨覺（辟支佛）、阿羅漢。這也是差別。佛是人格的徹底完成者。菩薩、獨覺、羅漢，是努力於人格的完成而尚未圓滿者。

這四類聖賢，若示現人間身時，假如他們沒有說出自己是聖者，一般人是不易察覺的。佛菩薩能夠以普通人的形象出現，也可以在任何一個時空出現，更可能出現一下子就突然不見了。然而在人性向善的光輝之中，在凡夫的行為裡邊，也可顯現出佛菩薩的特質，而且這些人雖不即是佛菩薩，卻有一部分類似於佛菩薩的功能。可見在差別之中，仍有通於圓融的一面。

自然界的森羅萬象，每樣都不相同，就連我們兩手的十指也各不相同，同胞的兄弟姊妹，甚至孿生兒也不一樣。但是各類之內，小異不礙大同，差別不妨統一，一切眾生皆有本具的圓融佛性。

四、如何完成生命的圓融

（一）以教育來促成

首先理解到，人為了自利，必先利人；為了求得他人尊重自己，首先要學著尊重他人。再從對於人的尊重而擴大到對於生命的尊重，儒家所謂：「親親而仁民，仁民而愛物。」便是以平等的心態來接納他人，乃至接納有情無情的一切生命。

佛教戒殺放生的慈悲精神，即以平等心對待一切的生命，復以空、無相、無願來引導慈悲濟世的方向。這些都得從教育的熏陶著手，從小智而進步成大智。

故就佛法而言，想獲得智慧，須經聞、思、修的三個層次，而使眾生的生命，趨向於圓滿的境地，接受從他而得和自我開發的教育。

從古至今，許多的大哲學家和宗教家，都在教育人類如何地完成自己的生命。生命有個人的、社會的、歷史的、宇宙全體的以及圓融無礙的不同等級。也就是從自私自利的生命，可因教育的設施而昇華為與社會、歷史、宇宙全體的生命。

佛法雖說眾生皆有佛性，人皆可以成佛，但卻不能缺少良師益友所謂善知識的誘導，也就是教育的功用，使人從無知，而知分辨邪知、淺知、正知、深知的不同。

比如：一般偏激的宗教徒們，認為逼殺異端可以升天；一般的人認為猛獸、毒蛇等全部該殺，因為牠們會傷人吃人。這便是邪知及淺知。若依佛法的立場，雖是邪見者，終究也有成佛的一天，雖是毒蛇猛獸，也有其求生存的權利。如果站在平等的立場看生命，則每個生命都該受到尊重。若想使人知道並認同這種正見，當以教育著手。

在佛教的高僧傳記中，我們可以看到一些大修行人，都不畏虎、狼、獅子等野獸，那些凶猛異常的動物都變成他們的朋友。為什麼呢？因為大修行人都有一顆慈悲心，而且也沒有以自我為環境的中心，就因為他們「無我」，所以當他們看到任何東西時，就像鏡面的反映，只有被他們所看到的東西，而沒有覺得「我」看到了東西。因此兇猛的野獸也視其如同類而親近他們。

這種事，乍聽起來好像神話，當然，對一般人來說，是不可能發生的事，因為他們有強烈的「我執」，不僅和異類之間是對立的，和另一個人之間也是對立的，乃至同一個人的心與身之間也是矛盾的，所以總有一些摩擦，而不能相安無事。

從教育可以讓人理解到，此一生命和彼一生命之間，都應該互相尊重。倘若我們能夠尊重其他的生命，那些生命至少可以不畏懼我們，如果不尊重他們，並且隨時可能傷害他們，他們為了自衛，當然會把我們當作敵人。儒家所說「親親而仁民，仁民而愛物」，是先將親人視同自身的骨肉，再將一切人視同自己的親人，然後更將一切生物視同自己的家人，而給予照顧。

一般人最多能視親人如自己，唯世間聖者能夠視物如己。所以人類的暴戾之氣，雖可藉教育來矯正，卻不能說僅從知識上的了解和接受，就表示事實上可以改正。從古至今，很多的讀書人，仁義道德能說能寫，但他們自己，往往又被他人譏為「文人無行」或「眼高手低」。所以除了知識的教育，尚須更進一步，從事身、口、意三種行為的實際修持。

（二）以修持來完成

此所謂的修持，不外戒、定、慧三無漏學，以戒為基礎，以定為過程，以慧為目標。此中的定學是先從差別的散心，至集中心，再至統一心。當達到統一心時，不僅是知識上的懂得物我一體是什麼，也會親自體驗到物我一體的境界是什麼。那時便會感到生命的整體性是不可分割的；生命的內涵是充塞於宇宙而無限圓滿的；生命的存在是究竟圓熟的；生命的活動是圓通無礙的。那便是差別相的大融合。

上面提到的生命裡如缺少體驗，則知識和生命是無法相結合的，因此須從體驗來達到「生命圓融」的目的。體驗必須要有方法，或許有些同學知道，我指導禪的修行方法，已有好幾年了，所謂禪的修行方法，本來是不歷層次而頓超直入的，可是對於初步修行的人，還得先由觀想入手。

第一步是把散亂心變成集中心，再從集中心而達到統一心。然後將此統一心粉碎，即成無心，便是禪境。此處的心的意思，是念頭和思想的代名。我們平常所謂的心，經常都在想東想西，故喻如「心猿意馬」，念念不停止。因此要用方法將之導入軌道，便是由散亂的變成集中的，從集中的進一步成統一的。

從散亂變成集中以後，你的念頭轉過來會支持你在方法上精進努力，使你牢牢地掌握住自己所用的方法。從集中到統一，即已從念頭單一化的連續，而變成了無限深廣。如果，從前念到後念，綿綿不斷，稱為「念頭成串」，這是時間的統一；若再從成了串的情況，變為深廣無限，便是空間的統一。時空統一之時，即會體驗到物我一體、內外一體、自他平等、天人合一的心境了。

達到這程度以後，生命是整體的，是不可分割的，它的內涵是充塞於時間和空間的。但此仍在大我的層次，若能更進一步，大地落沉，虛空粉碎，才是生命的究竟極致，圓融無礙。

（一九八四年十月十六日講於臺北世界新聞專科學校東方哲學社）

生命與時空

生命是我們每一個人自己正在經驗的，每天接觸到的，都是各種的生命及生命的現象。今天我將以最基本的佛教常識，來說明生命的現象，以及生命在時間及空間之中，所存在的架構。

一、生命無始

我常被問起：「西方的基督教，相信人類最早的祖先是由上帝創造的，佛教的解釋如何？」我無意和基督教爭論，只想先討論一個東、西方都尚未解決的問題：「先有雞還是先有蛋？」但是有人覺得，能有雞及雞蛋可吃就好，至於先有雞或者先有蛋，則不是問題。不過總還有人要問：「生命的起源是什麼？」

我曾被一位居士問起：「師父，佛教說緣起，但緣起的頭是什麼？」我說：

「緣起如環無端，名為無始。」這便是佛教對於人生宇宙起源問題的標準答案，不是不解答問題，而是最好不解答這個問題。此在阿含部的《箭喻經》中，曾經有人問起世間永恆、世間有邊的問題，佛便不答，而說如人中了毒箭，拔箭要緊，不用追問造箭因緣。

在《涅槃經》卷十九，也有「四不可說」的明訓，那便是討論諸法生與不生的問題：「不生生不可說，生生亦不可說，生不生亦不可說，不生不生亦不可說。」佛在《阿含經》中，只說：「此生故彼生，生老病死集。」「此滅故彼滅，生老病死滅。」但對生命源頭之初的問題，不做解答。如果解答是出於什麼，所衍生出來的問題就更多了，如說有開始，那麼，最初的開始又從何來？因此，佛教對生命的來源所給予「無始」的答案，是最有智慧的處理法。

我在美國印第安那州普渡大學，與居士們聚餐時，吃到圓圓的芝麻糰，我問做麻糰的人：「這圓圓的麻糰，是由哪裡開始做起？」做麻糰的居士說：「是一捏便成了形，說不出是由哪一點開始。」麻糰上有很多芝麻，我又問：「這些芝麻是由哪一粒開始鋪上去的？」他說：「一滾就滾上去了，也不知是從哪一粒開始的。」但，到底有沒有始點，我想應該是有，然做的人已不知是哪一點了。若要待弄明了麻糰的起點才吃，那就永遠吃不成了，因為還可以問芝麻及糯米的起源、製作麻糰的起源、製作人的起源、上帝造物的起源、上帝的起源……，永無止境！

因此，我們接著將依佛教的觀點來說明生命的現象究竟從何而來，如何來發現此一生命現象，然後介紹如何利用此生命現象？又此生命現象對我們究竟有多大的價值及如何發現此價值。

人與人之間的稱謂有我、你、他。而在《金剛經》裡的稱謂包含：「我相、人相、眾生相。」《金剛經》裡將多數的你稱為眾生。「我」就是生命中的第一個，每一個人都有一個我。此外，許多的他合起來，稱之為「人」。人相、我相、眾生相，便是一切生命的現象。

在時間上的過程，稱為「生命」；在空間上的活動，稱為「生活」。換言之，時間上的延續為生命的維持，空間上的活動為生活的運作。以佛教的立場看生命，與一般人所說的生命，略有出入。

由宗教信仰的立場而言，只有上帝能給予生命而擁有生命，然在一般人看來，除了人之外，動物乃至植物，凡能生存、生長的都有生命的現象。就佛教的觀點而言，宇宙的生命，是以人為中心，動植物是其次的、附帶的。生命現象中雖包括動物及植物，然以「人」為根本。所以討論生命現象與生命的延續，佛教著重的是「人」的生命。

佛陀成佛，是為了救人，至於其他眾生，不是說不管，但不是佛度眾生的重點。

二、五蘊和合

佛經裡探討生命的奧祕，是由「五蘊」組合而成的。換言之，構成生命的因緣，是色、受、想、行、識等五種要素，稱為五蘊。

第一為色蘊，色不僅是顏色，而指一切有形之物質。凡有質量、有阻礙或有形式的物質體都稱為色蘊。人除了肉體之外，還有精神的部分，精神部分又分為四種，即受、想、行、識的四蘊。而其中，受、想、行的三蘊是精神部分，最後一個識蘊，是精神與物質的行為所結合而產生的一種力量，是生死過程中一個連貫的東西，助我們延續生命，是由此生到彼生的一種力量。此一力量便是生命現象以及生命現象之所以繼續不斷的動力，總名為識蘊。

生命由前生到這一生，再到未來生的觀念，這是佛教裡一個獨特的觀念。生命由五蘊的五個部分組成，人活著的時候，五蘊因緣和合而產生生命的現象，稱之為「活」。死了的時候，前四蘊的色、受、想、行四種現象離開，只剩最後一種識蘊。這個識，便貫串到另外一次生命的開始，如此生死周而復始，是不間斷的，具有連續性的。

五蘊中的受、想、行三蘊，都是我們腦神經的作用及反應：受是感覺的意思，想是做一個判斷，而行是反應，指如何處理事情。譬如：人家打我一個耳光，感覺到臉上被打得痲痲痛痛的，叫作「受」；想想到底發生了什麼事，是「想」；而決定採取什麼行動，也打他一個耳光，或者原諒他算了，便是「行」。挨打的時候是「受」，知道被打是「想」，要不要打回去的念頭是「行」，聚集業力並且接受果報的是「識」。

三、十二因緣

前面分析了生命的組成，現在再談到生命的延續。在通過這一生到另外一生的延續現象，佛經裡稱為「十二因緣」。十二因緣是指十二個階段，又可將之分為三個時期，即過去世、現在世及未來世。過去世包括三個階段，無明、行、識；現在世包含七個階段，名色、六入、觸、受、愛、取、有；未來世包含兩個階段，生、老死。不斷地循環，便是人類生命的三世流轉。

無明、行、識，是屬於過去世，有了過去世的識蘊，便有了現在這一生的原因。於現在世的這一生，入了胎的時候，稱為「名色」，名是精神的部分，色是物質的部分，也就是前世形成的「識」。進入母胎時，與物質體相結合，此時稱為名與色相結合，成為胎兒。當胎兒完成了人的形狀，具備了六根，名為「六入」。所謂六根，即是眼、耳、鼻、舌、身、意，即是五官及身心。此時的「意根」是精神與物質同時並存的，換言之，意根是物質體但離不開精神，僅說物質體是指神經作用，但一定有精神的部分使之作用而稱之為「意根」。就現代的人體解剖而言，只能看到神經的部分而看不見精神的部分，而六根中的「意根」卻是一般人所看不到的，說不出的。

六根形成之後，十月滿足，便出母胎。出生後，就會接「觸」到周圍的環境，產生感「受」苦樂、冷熱、粗細等心理作用。然後便有如意和不如意、喜歡和不喜歡等的情緒發生，此在十二因緣中，名之為「愛」。然後對於外境產生欣者追求、厭者抗拒的心態，就是「取」的運作了。換言之，取是有取有捨，此種取捨的行為，加起來實際就是五蘊裡的行蘊。

在五蘊中，有了行為之後，便產生「識」，行為的業力，在十二因緣裡便是「有」。有了業力積聚而成的識蘊，便會到來生再去接受另一階段的生命。而十二因緣中的「有」與「識」，略有差別：五蘊中的「識」，一定要到下一生去；而「有」不一定要到下一生去，此生的所作所為、所思所想，很可能在這一生中就能得到果報的反應，所以名為「有」。有了什麼呢？有了業的果報。如果此生不報，在未來世的多生多劫之中，終究也跑不掉。有了此生所作的種種業力，加上往昔生中所造種種業種而尚未現行受報者，便有未來世的「生」及「老死」，等待你去。若不親證無我而了生死，便會生了又死，死後又生，頭出頭沒，永在生死苦海之中打轉翻滾！

談及因果，再舉一個故事為例說明。我在臺灣時，遇到一位太太向我抱怨說：「師父，這個世界不公平，菩薩沒有眼睛，老天聾了耳朵！我一生沒有做壞事，可是我的兒子卻無緣無故就遇車禍死掉了。為什麼許多人做了許多壞事，不得壞報，而我是好人，卻遭喪子的苦報？世上豈非沒有因果？」

我告訴她：「妳尚不懂佛法，佛法要講三世因果，妳今生自己認為沒有做壞事，妳就真有那般清淨善良嗎？妳能保證過去無量劫來的無量生中，從來沒有做過壞事嗎？而且妳的兒子死了，說不定也是好事。」她感到非常驚訝，我再解釋道：「目前妳心裡覺得兒子很好，但當妳的兒子又是不孝順，又是敗家子的時候，妳可能更痛苦。因此，兒子還沒來得及給妳做敗家子，就已經走了，豈不很好？何況，娑婆世界的環境，苦多樂少，妳兒子在此間的任務結束後，能到更好的世界投生，豈不更好？這生他做妳的兒子，你們的母子緣告一段落，他就走了，正如到妳家來服務的工人一般，工作做完了，就該走了，他要辭職，妳總不能永遠不讓他走。若知三世因果的道理，心理才能得到紓解，不會憤恨不平，痛苦一輩子。」

她又問：「我下一生還能見到我兒子嗎？」我說：「妳若欠他多的話，下一生定能見到他。不過，下一生見面，彼此都已是另外的人了。」

四、生命的主人

我們若不透過佛法來認識生命，那麼，生命的事實，只是無可奈何的一種現象，永遠在生死中流轉，周而復始。曾有人問我：「為什麼父母要把我生出來，讓我在這世界上受苦、受難？」其實，不是父母要將我們生出來，而是自己要被生出來，若無業感果報，是不會被生出來的。這雖不是出於自由意志，確是出於自作自受，因為由於無明煩惱，使得自己作不了主，若不修學佛法，也沒有辦法使自己得到自由與自在。

我曾遇到一個人，他的家境富裕，從小就受到很好的家庭及學校教育。可是對一般人的生活，他都沒有經歷過，因此他反而羨慕一般的人。有一次，他對我說：「師父，我不知道我究竟是幸福、不幸福。我的父母對我實在太好，也因此許多事情我都不會做，也不懂。我沒有辦法像一般人那樣過一般人的生活，有時，我覺得這是生命中的無奈，我無法如一般人那樣地自由自在。」在常人想像之中，有錢人家的孩子，一定是非常滿足的，想不到還有不滿足的人，似乎比窮人家的孩子更不滿足。

由此可見，人在世上，對自己生命現象的處境，很少能感到是非常完美的。換言之，即使一生一帆風順的人，在他們的心裡，仍有苦惱，仍感懷疑：「為什麼好像孤零零地被生在這個世界上？」因此，我們在聽到佛法之後，就應該了解到生在世界上來，是因自己的往昔因緣所造成，不是受制於他人，也沒有被誰作弄。而能不能有辦法來改善自己、提昇生命，才是重要的課題。

五、提昇生命

生命的提昇，首先是不造惡業，要造善業。若能夠不造惡業，多造善業，對我們的生命，不能說立竿見影，馬上就能改善，至少將會改善，如若這一生不能改善，未來生也能改善。將希望與信心寄託於未來，對佛法有信心，便對自己能夠去惡向善有信心。

佛教所說的「業」，可分為兩大類：一為有漏業，另一為無漏業。有漏業是你做多少行為便會得到多少果報，果報完了之後，業便沒有了；也等於說，賺了多少錢便花掉多少錢，花完就沒有了。有漏業又可分為黑業及白業兩類：黑業是造作惡業，而白業是造作善業，黑業有惡報是墮落三惡道，白業有善報是轉生三善道。惡有惡報，善有善報，受報的同時，又造新業，或白或黑，因果相循，永無盡期，故稱有漏的業海是茫茫的苦海。

無漏業乃是行善不求報，只為眾生得離苦，不為自己求安樂。無漏業亦可分為兩類：第一類是修得解脫道以後，就不再到這個世界來，故稱之為光為自利的小乘，造的是無漏業，修的是無漏學，但在進入涅槃道的解脫境之後，也不再到世界上來了。另一類的無漏業是以利他為優先的大乘菩薩行，凡對眾生有益的事，永遠盡力去做而不求果報，他們雖已不需在這人間受種種苦難，但由於眾生還在苦難之中，所以永遠還在娑婆世界救度眾生。

六、三無漏學

至於無漏業的修行，是以戒、定、慧的三無漏學為基礎。以「戒」而言，有消極和積極的兩個層面：消極方面，是一切惡事不可做；積極方面，是一切好事不得不做。

以「定」而言，打坐，當然也可以稱為習定，也可以得定，可是若在平常生活裡面，能夠心平氣和與他人和睦相處，反省自己，不鬧情緒，這些也都是定的工夫。經典裡教我們許多糾正情緒波動，平息心情混亂的修養方法，無非都是定的工夫。

定的工夫，在一般的情況下，幾乎人人都能做到。未受刺激時，當然可以不動情緒，一旦遇到環境中的人、事、物，和自己的利害衝突、意見相左之時，仍能不會生氣，就很難了。人們往往在信佛、學佛之後，仍免不了夫妻吵架，那就得用修行的方法來對治。曾有一對夫婦，在大吵一頓之後，跑來找我，雙雙向我請示：「師父，我們已經學佛多年了，仍不能不吵架，該如何是好？」我說：「很簡單，知道吵架不對，以後就不要再吵，萬一又吵起來，則要相互懺悔、相互道歉，然後每天要定時做功課，無論是拜佛、念佛或者是打坐。如此修行之後，遇到外境與自己衝突的時候，便不會那麼容易動情緒，當然也不易跟人吵架了。」在修定的過程中，修行的方法很多，可能包括誦經、念佛、持咒、拜佛、懺悔以及打坐等等。

以「慧」而言，也有不同的層次。基礎的層次是信解因果和因緣的道理；最高的層次是大自在、大解脫，也就是佛的境界。普通人，欲達佛的層次是很不容易的，但是享受一點佛法的智慧，則是很容易的。若能深信因果，則不會怨天尤人；若能明白因緣，則會促成好因緣的成熟，改善壞因緣的變遷，如此，對未來將抱著無限的希望，對自己、對他人，用因果、用因緣，也都能夠得心應手了。

七、自覺聖智

生命本身就是時間和空間的總和，如果能從生命得到解脫，便是超越了時間與空間的範疇。人們對生命的無奈與困擾，無法自救，便要用佛法的智慧來處理，有了智慧的人，自我中心，自然淡化，而至消融消失，那便是證入無我的實相，亦即是佛的境界——禪宗所謂的「明心見性」。由於自我中心徹底消失，而生命的現象依然存在，既是存在於時間和空間之中，也是存在於時間和空間之外，無以為名，名為「解脫自在」。

（一九九二年十月二十四日講於美國俄亥俄州州立大學，劉德如居士整理）

理性與感性

一、接受理性和感性的事實

理性，就一般人的理解而言是好的，可是理性究竟是什麼呢？是指每一個人都有其理想、理念、理論的依據和邏輯的思惟方式。例如：哲學、宗教、政治、藝術都有其派別及系統的理論根據。這麼說，是不是理性都是對的呢？不盡然。因為你有你的，我也有我的，如果彼此互相爭執就產生摩擦，往往為了理性之爭而演變成感性的結果。可見理性雖好，但不是真好，這就是人世間無可奈何的事。反過來說，理性既然有問題，是不是就不要理性呢？如果持這種見解的話，將更麻煩。所以，在不夠好的情況下，人類依然要有理性的態度和修養。

感性，人們常說感性的人是不理智的。可是世間的活力是由感性來帶動的，例如：夫妻之間、親子之間是感性的感情在不斷地維繫著，乃至於宗教上的信仰和藝術的創作，又何嘗不是感性的呢？感性為社會帶來柔和、安詳的心靈，以及幽美環境的感受；反之，當感性變成情緒化的衝動或過於氾濫，勢必為人類招致無窮的苦難。

雖然理性和感性的極端，會導致禍害和困擾，可是人間相就是如此，因為我們都需要它們，也離不開它們。從佛教的立場來說，必須承認並且接受感性和理性的事實，而且若要改善人生，我們必先從如何調和理性及感性的問題上著手，其次是超越理性和感性，最後便可自如地應用理性和感性。唯有如此，才能替人類創造人間淨土的果實。人間淨土是否僅是理想？會不會真的實現？則完全基於我們的信心和努力。假使我們時時為理性和感性起爭執，不善於處理，那麼人間淨土永難出現；反之，我們若能善於處理它們，人間淨土就會在你我之間的生活環境中開展出來。

二、放鬆能夠化干戈為玉帛

在講到如何做之前，我們先來做一點練習，因為僅僅從理論上來討論感性或理性，對我們日常的生活，往往使不上力。很多人在觀念上和理論上都非常地清楚明白，可是在生活中和他們相處時，就發現他們沒有辦法把握自己、教育自己，能對他人教訓、指責、批評，就是無法教訓、管理、訓練他們自己。練習方法是從拋開自己的執著之後，再來體驗世間是什麼。拋開自己的執著，是指放下身心世界，當我們能把自我身心世界全都放下以後，再認識和再投入我們的身心世界，做進一步的認識和改善之時，就會使你覺察到淨土離開我們並不太遠。

我經常在演講之前，勸導聽眾們練習三分鐘的靜坐法，以三分鐘到五分鐘的時間將身心放下，放下以後將會感覺到世界突然改變了，跟自己原來所接觸到的就有一點不一樣了。各位是否想學呢？（大家同聲齊答：「願意學。」）

那麼，請坐好，背脊靠在椅背上，將眼睛微微閉上，身體的肌肉、神經放鬆，小腹的肌肉也要放輕鬆，胃部沒有負擔，再將手、臂、肩、臉上的肌肉放鬆，頭腦放鬆而有空靈之感，眼球不用力，頭腦不想任何東西，將身體的重量感或一切的負擔，全移交給自己所坐的椅子，然後不管身體、頭腦，總之什麼也不管，就是讓自己充分地休息、安靜。（三分鐘後）請將眼睛張開。請問大家，剛剛練習的這段時間裡，已能放鬆也感覺到身體、頭腦很輕鬆又舒服，有這種體驗的人請舉手。好，可見一半以上的人都體驗到了，但僅以三分半鐘的時間練習是不夠的，要時常練習。

現在奉勸各位，當你察覺到自己的情緒起伏不定，滿腔的憤恨不平，身心緊張、語無倫次、情緒激動難以控制，這是感性急於抬頭求表現的時刻，也是跟別人起大爭執的先兆，此時如果你處理事情，必不中肯也不得當。或者自己受委屈、被罵、被指責又無處申辯，血壓可能上升，此刻不妨告訴自己試著將頭腦放鬆，全身肌肉、小腹、神經都放鬆，若能放鬆，定可化干戈為玉帛，將會平安無事。

三、配合疏導互為調和

在今天這個時代裡，社會上處處充滿緊張的氣息。為何緊張？不外乎是感性和理性不調而起的。譬如：有些人為了追求個人的名利、權勢、地位，窮年累月地緊張；許多具有悲天憫人的人也是很緊張；更莫名其妙的是，還有一群人，自己什麼也沒有，也不追求什麼，卻鎮日緊張兮兮，深怕自己走在馬路上隨時會被車子撞上。像這樣的社會、這樣的處境，使得人們無時無刻不是在緊張之中，擔心著自己，也擔心著他人。

理性的人，會為這一代或下一代、自己和他人、社會及國家乃至世界全人類而擔憂；屬於「杞人憂天」的近代人，時時刻刻都在沒事時擔心著有事會發生。

而在我們的社會中，時常有人強調理性，也有許多人在理性的背後表現出感性來，這是人間的悲哀和不幸。然而在不幸之中還是有幸，因為我們尚有機會和時間來共同討論這個問題，既然有機會來研討，就不必對我們的世界和社會失望，我們的前途還是充滿著光明和希望，正在明日等待著我們。這也是我們今天還需要在此時此地，討論理性和感性問題的原因。

理性是透過邏輯的思辨、科學的分析而認識事物；感性是起於個人的情緒、情感、私利而考量事物。理性是從客觀的角度處理事物；感性是從主觀的立場對待事物。

純粹的理性會使人被現實的世界拒絕；純粹的感性會使人被現實的世界淹沒。如果時時處處講理，而又得理不饒人，步步緊逼人，是很可怕的事，當然會被人拒絕；經常是情緒化的人，必然是糊塗人，也不能同情人，雖然也可能會站在自以為是的立場和觀點來愛人，卻不是以他人的角度來同情人。因為這樣的緣故，有人便會覺得被愛是痛苦的事。曾經有位女居士來見我說：「師父，『愛』

不是好事，我被愛得沒有自由，也很苦惱，我的先生非常地愛我，以至於不准我出門，也不許我見人。」所以，感性的愛，可能演變成占有、控制又否定他人的自由，這種愛不但否定他人，同時也會被人否定。

理性與感性的調和，使人安和樂利。促使人間社會的安和樂利，需靠理性和感性的調和，所以兩者不可能單獨存在，必須交互地進行。當理性抬頭時，需用感性來配合，感性太強時，又需用理性加以疏導，若能如此，世間才有溫馨和莊嚴。

理性與感性的超越，便是解脫自在。站在佛法的立場講，超越了理性與感性，才是解脫自在。也許諸位會產生誤解，認為「超越」大概是逃避現實或厭世，其實，超越得愈深、愈高則對世間的肯定愈清楚、愈實在。因此，超越是指消融自我，而以他人的立場為立場，自己不設立場；以公眾的利益為利益，沒有為自我追求利益。超越的本身，沒有一定的道理或情感可說，而是就他人需要某種情感或理性而恰如其分地施之於所需要的人。

接下來我們談談理性與感性的比較、層次及分類。

四、理性與感性的事實

心理、生理、倫理、物理的軌則，是理性的；心情、愛情、親情、友情的感受，是感性的。

理性和感性是生活中的事實，從心理、生理、倫理、物理及種種的現象來分析，都有其一定的軌則，有道理可循。如果沒有理性，我們的世界將無法獲得公正的認識。這些心理、生理、倫理、物理的軌則，也是由古聖先賢們及聰明才智之士，以他們畢生的努力和親身體驗而發現，是我們需要的，也是不能離開的。

感性是屬於個人的心情，但心情不等於心理的，心情只是心理現象之一，是經由此種現象而產生情緒的波動。所謂親情、愛情、友情乃至於修行人之間的道情，全都建立在彼此相互間的感情基礎上，互助互勉。道情是基於修道者之間的因緣和關係，在道業上彼此照顧提攜。所以愛情、親情、感情、道情可使得我們的世界，人與人之間的關係，互相聯繫在一起，溫馨而親切，是彼此需要，是彼此的互助和關懷。

五、理性與感性的衝突

理智與情感、良知與人欲、公益與私利，會有衝突。

理智和感情在同一人的身上可能在同時，為了同一件事而發生，當此兩者有所衝突時，應該如何處理？

請問諸位，假如你是位醫師，正好你的獨生子得了重病，這時如何是好？我在日本時，有一位朋友，是有名的兒科醫師，當他的兒子患重病時，他不敢診斷他兒子的病，反而交由其他的醫師治療。我問他什麼原因，他說：「正因為他是我的兒子，所以不敢親自替他醫病，若用了重藥，擔心兒子會受不了；若用普通藥，又恐兒子的病治不好，在這種兩難的情況之下，只好請別人來醫治了。」

如果你有一位美麗又大方的嫂嫂，她不愛你的兄長，偏偏戀慕你，又時常伺機親近你，此時的你，如何自處？在理智上，她是嫂嫂，絕對拒絕；在感情上，你必然非常地痛苦，是不是？

你是女孩或男孩，如你正在尋找結婚的對象，可能你的福氣很大，同時擁有二、三位以上的對象，個個不但美麗俊俏，而且人品不錯、很有才華，這時的你怎麼辦?究竟娶誰或嫁誰?

有婦之夫或有夫之婦，夫妻倆感情本來很融洽，突然闖入一個第三者，怎麼辦?

以上所舉的情況，在我們的日常生活之中，隨時都可能發生。公益與私利、良知與人欲，也時常產生衝突。人欲就是私欲，也就是五欲。五欲有兩類：1.財、色、名、食、睡；2.色、聲、香、味、觸。由於身體的需求，心理的飢渴，就會不斷地追求。可是一個有品格、有教養的人，當發生這些問題時，自己跟自己會產生矛盾和衝突，不知是順著欲望的好，還是克制欲望的好。

佛法是教大家離欲的，因此時常被誤認為：人如果沒有欲望的話，豈不會變成意志消沉，更沒有鬥志，也就沒有了前途?事實上，佛教所說的離欲，是教導我們放棄過分的追求和占有，是少欲知足，並不是教導我們放棄志願，連佛也不要成了。合情合理的欲還是需要的，求道成道的欲，更有必要。所以要配合良知的欲，人生才有前程。例如：我們需要錢，但錢必取之有道；要名，而名也要來得合理。曾經有人問我：「聖嚴法師，您要不要名利?需不需要錢財?」你們猜猜看，我要不要？我當然要，但我不會專門為名利權勢而苦苦鑽營，如果名是自來，所謂實至名歸，就不是壞事，利是自利利他，是佛學名詞，也是菩薩道的修行方法，為什麼不好呢？我需要錢財，但錢財並不專門拿來供我吃、我喝、我穿、我享受，而是應用來建設「人間淨土」。如果，僅僅為了私利、私欲而營求，就會跟理智起衝突。因此，我們若想成為一個人格完整的人，理性與感性要調和並行。

六、理性與感性的調和

調和是有層次的，我們用道德、倫理、博愛、仁義和品德、修養等來使理性與感性調和。

有人說，道德就是理性。其實道德並不一定就是理性。如果一位法官只以法律為判決的依據，見人就依律判刑，請問這樣只知法律條文，不懂人情世故的人，是有道德的好法官嗎？

在佛門裡，有些人看了一些佛法，懂得幾條戒律的條文，就常常拿戒律的條文到處量人，量這個和尚不持戒，量那個佛教徒不夠格。如此一來，究竟是鼓勵出家人持戒還是犯戒？是鼓勵大家來學佛，還是打擊人家學佛的信心？由此可知，我們不能老是拿條文來量人。所以，我們也知道當有人打家務官司，進行離婚訴訟時，好的律師和法官，也會勸兩造當事人在庭外和解。如果說有一對夫妻失和，要求律師協助他們解除婚姻，律師不加勸解，便說：「好，我幫你們完成離婚手續。」那樣的律師，有道德嗎？但他並非失去理性。

倫理也是一樣，合乎理性未必合乎倫理。譬如《論語》上有一則故事：葉公語孔子曰：「吾黨有直躬者，其父攘羊，而子證之。」孔子曰：「吾黨之直者異於是，父為子隱、子為父隱，直在其中矣。」意思是說：孔子聽到葉公說，他家鄉有一個父親偷了別人的羊，他的兒子挺身而出，檢舉父親，這個兒子是個才疏而直性的人，也是個大義滅親的人。但是孔夫子聽了他這幾句話卻說：「我鄉的直心人不是這樣，而是父為子隱，子為父隱。」也許有人會問，這樣會不會演變成官官相護？不會，因為官與官之間不是親子倫理，這地方是指出父子間的倫理關係。

父親終究是父親，由於別人的告發，促使父親坐牢是無可奈何的事。身為人子，怎忍心告密呢？所以，父親做錯事，兒子應當要替父親隱瞞一番，這是人之常情，是道德的行為。如果說，父親偷了人家的羊，被警察捉住了，就因為他是父親，便號召所有的人，去打砸警察局，火燒警察局，這便是沒有道德的行為。

父親偷別人的羊，理應受法律制裁，身為兒子的你，並沒有去告發，父親坐牢是經由他們舉證告發，你已盡了兒子的本分，目前所能做到的是替父親行善以便贖罪，這就是倫理。就倫理上來看，人與人之間免不了有感情，所以它往往是不講理的。例如：兒子很小，不懂事，打了父親一巴掌，父親只能摸摸兒子的頭苦笑說：「兒子，你打得太重了，下次輕一點。」我曾經看見一個十一、二歲的孩子打他的父親，他父親苦笑著對他說：「下次打我臀部，不可以打我胸部。」這就是父親對兒子的愛，沒有辦法用理說得清楚。

記得一九五〇年代，監察院通過彈劾前行政院長孫科失職案，院會投票日，當時擔任監察院長的于右任便缺席不到，問他理由是：「孫科是國父哲嗣，我去投票有失厚道。」

我們講倫理，一定得在理性和感性調和以後才說。我們的社會要談道德、倫理，是需要感性和理性並行，不能純感性，也不可純理性，這就要靠智慧來做判斷。但是，智慧如何應用，最好的辦法是讓頭腦穩定、安靜、休息一下。當感性和理性起衝突時，又不知用什麼方法調和時，不妨靜坐一下，將會有神來之筆，有好的靈感出現。

七、理性與感性的超越

無相與無我是理性的超越；大慈與大悲是感性的超越；悲與智雙運是自在的解脫。

佛法不否定人間的基本需求和自然現象。佛法的作用，是在用修行的觀念和修行的方法，來化解問題、疏導問題，也可以一層一層地開拓人們的精神領域。反之，人若被人的本能所困擾，無法擺脫，將是件痛苦的事，不僅是個人的煩惱，也會為生活在一起的家人和環境中有關的人帶來痛苦。如果僅有佛法的觀念，尚不夠有用，最好要應用修行的方法才能達到目的；相反地，只有方法而欠缺觀念的指導，也無法標本兼治。方法好比是一把刀，觀念等於用刀的理論和技巧。強盜用刀殺人，屠夫用刀殺動物，醫者用刀醫病救人，所以要理論的觀念和實踐的方法，互相輔助。

八、理論及觀念上的理性與感性的超越

無相與無我是理性的超越，但不是超越於理性之上，而是不受理性所束縛，不為自己所執著的理論或理性的信條所困，卻能活用理性的理論及觀念，這才是真正的超越。

無相是什麼？世間的種種現象，時時刻刻都在變化之中，例如：昨天所做的事，是犯法的壞事，今天做同樣的事，卻會受到政府的褒獎。在臺灣做某件事可受到社會大眾的肯定和歌頌，可是在其他野蠻民族做相同的事，就可能會被砍掉腦袋。

無相的「相」有兩種：1.現象，是外在的物相；2.觀念，是心理的心相。相無定相，故名無相。今天在座的三千多位聽眾之中，有許多人是研究法律的，法律也是因人、因時、因地而異，時常順應環境的變化及時代的進步，已立的法也會修正再修正，許多科學家發明的理論，也經常被後來的科學家修正。所以「無相」的意思，是指沒有不變的定相，既無定相，當然是暫時的使用而不是永恆的律則了。

曾有一對夫妻婚後來見我，我對新郎說：「恭喜你得到了一位如意夫人，既聰明又貌美，秀外而慧中。」這位男居士立刻說：「師父，《金剛經》上說『無我相、無人相』，我的太太如果經常年輕貌美永遠不變的話，師父應該恭喜我的，可是她今天是個美女，再經過幾年生兒育女，漸漸地變成雞皮鶴髮、老態龍鍾的黃臉婆一個，根本不值得恭喜。我是無可奈何而結婚，反正是人嘛！總是要結婚，否則人家把你當作怪物看待，自己也不舒服、不好受，所以我才結婚。」

「你為什麼不學我做和尚？」

「師父，我有自知之明，做和尚沒有想像中的容易，何況我自己也清楚我不是當和尚的料，因此，被我太太看上了。」

「我相」是指我的價值，是對自己的價值所做的判斷、估計、肯定，其中也包括身外所擁有的財產、名位、權勢等等。

請問諸位的「我相」，就是永遠像你現在這個樣子嗎？一定不是。今天在座的諸位，大概都是二十歲以上的人了，你們在十六歲時和現在一樣嗎？當你活到八十歲時，是不是也能保持跟現在的你一模一樣？

最近我去了一趟日本，在日本的師長、同學、朋友們，也都十八年未見了。

當彼此一見面時，他們都會對我說：「啊！你一點也沒變，還是當年那個樣子。」

我卻給他們澆了冷水：「你似乎變了，頭上多了幾根白髮，臉上也多了數條皺紋，眼下增加了兩隻眼袋，十八年前，你的腹部還沒那麼挺出，現在的你已是大腹便便，很有福氣的樣子。」

「怎麼一見面就說這種令人不舒服的話？」

「你承認不承認都是一樣，我很清楚十八年前的我，不像現在這個樣子。」我隨手取出十八年前跟他們的合照：「你像他嗎？我又像他嗎？」

「唉！真沒想到我們變得那麼快！」

佛法講的「無我相」，便是絕對沒有辦法將身體的面相、身相、心相當作真正或絕對的「我相」，這僅僅是暫時的現象。有些人從小到老，觀念和性格永遠不變，請問世上真有這種人嗎？我們只能說他沒有什麼進步，卻不可說他沒有變化。其實，人的思想觀念和價值判斷，隨時都在變遷。

俗語說：「活到老，學到老。」自己陪伴他人成長，也經由別人帶著自己成長。我自己也時常覺得自己的成長很慢，譬如：在我年輕的時代，世界上還沒有發明電腦，現在我的弟子和學生，幾乎人人都會使用電腦，我非常羨慕他們。可是我也有些進步，我雖不會操作，卻會叫弟子們使用電腦，我是跟著弟子們成長了。我的「我相」當然也跟以前不一樣了，「我相」就是我的價值，我的價值不會停留在同一個位置上，既不停留，天天變化，就沒有不變的我，既然沒有不變的我，就是「無我相」。

《金剛經》還有一句「無人相」的名詞。有一次，一位居士對我說：「師父，佛法可以說無我相，但是不能說無人相。因為無我相表示謙虛，無人相豈非表示目中無人，目空一切。」我告訴他，佛法不是這麼解釋，「無人相」的意思並不是否定他人，而是當自己做任何對人有利益的事之後，心中沒有任何一絲的牽掛，絕對沒有患得患失、有得有失的心態產生。或是，別人對我們做任何好事或壞事，心裡也不要有牽掛。不牽掛並不等於忘恩負義、過河拆橋，而是自己不跟他人有絕對對立的態度和存心。只有惡法，沒有惡人，僅有眾生造了惡業，沒有眾生是惡眾生。佛說，一切眾生都有佛性，都能成佛，所以心外不要存有對立的人，以為他們是壞人。有人做了壞事，我們希望協助他們糾正、改善、疏導，促使他們不做壞事，不存壞心，人畢竟都是人，絕不可放棄任何一人。佛度眾生，絕不對任何一眾生失望，如果這一生沒有辦法度他，他也不接受你的度化，只有暫時放下，默默祈願，下一生或再下一生，能夠度他。佛為一切眾生，可歷經千萬劫來幫助疏導。所以，「無我相」、「無人相」的主要意思，是不要跟人產生對立，沒有界限，沒有對立，才是真正的「無人相」。

九、大慈大悲是感性的超越

慈悲有三個層次：

（一）生緣慈

對眾生慈悲，有其特定的對象，也就是有親疏、厚薄、遠近、緩急之分。一切的眾生都有佛性，都能成佛，所以是一律平等的。但在第一個層次裡的人，如果是採取這種觀點，一定會出問題。

當你父母生病，家中的貓或狗也同時染上重病，都在瀕臨死亡的邊緣。請問，在這種情況之下，何者應先送醫？如果基於等慈一切眾生的理念，應該將父母及貓狗同時送醫治療。萬一人手不足，人的醫院有別於動物醫院，究竟先送父母還是先送貓狗？如果真有這麼個難題的話，就很顛倒了，應該有親疏、厚薄之分。

當你父母病危，同時兒女也得急病，他們各自生了不同的重病，須進不同的醫院就醫，此時，何者較重要？何者優先送院？父母？兒女？中國人講倫理、孝道，當然先送父母入院治療。因為兒女死了，還可以再生，縱然生不出來，可以領養子女；父母僅此一對，死了再也沒有了。西方人的觀念可不同，他們認為兒女的前程光明遠大，父母已是日暮西山遲早總要死的，所以先送兒女就醫。這不能說明何者對、何者錯，卻可說明生緣慈的層次。

(二) 法緣慈

不管對象是誰，一律平等對待。只要眾生有需要，正巧我有這份力量，便不考慮對象是誰，就給他所需要的。例如：父母現在需要我的經濟幫助，我馬上傾囊而助之；若有不認識的人需我幫助，也是毫無保留地給予。在這層次，尚有給的對象、所給的東西，也有布施及付出的心願。一般人如果這麼做，家庭可能會破碎，倫理也許瓦解。菩薩的精神，卻是平等的布施。

（三）無緣慈

也就是「大慈大悲」。意思是說，在任何時、地，對於任何人，有任何需求，便能恰到好處、恰如其分、適時而給。布施的行為做過以後，心中不留一絲痕跡，如鳥在空中飛過，無跡可尋。救人以後，心裡了然曾經救人，但是對於救人這件事當作沒有發生。救人是因為這個被救的人，有他的善因緣促使他被拯救，跟我沒有關係。這種層次的無緣大慈，只有佛及大菩薩們如觀音、地藏、文殊、普賢等方做得到。凡夫雖然做不到，也必須了解學習，最高的慈悲，是有這種方式。

一〇、發心與布施

儒者所言：「高山仰止，景行行止，雖不能至，心嚮往之。」是勉勵凡人也要見賢思齊，希望自己也能逐步地邁向聖賢的目標。在佛教而言，這就是發菩提心，是要求自己效法佛和大菩薩們的心行。

也有許多人會發自私自利的菩提心，期望自己早日成就，因此，老是要求周遭的人，先來成就他、護持他，待他一旦得大成就、具大力量時，再來濟度眾生。持這種觀念，雖然沒有什麼不對，卻不是真正發菩提心的標準和榜樣。真正發菩提心，是要無條件、無目的地付出，專心一意地在心中發願如何去化度一切眾生，從不會想到自己這麼做值得不值得。

數日前，某雜誌的編輯來訪問我說：「現今的社會和世界都十分地混亂，人心不願向善，全是自私自利，所做出來的事也都是損人利己，就法師的觀點看，該怎麼辦？」

我說：「我沒有自己的觀點，佛法住世是以六種波羅蜜來度化眾生。」波羅蜜的意思是超度、超越、度脫、救濟、度過。六度中的第一波羅蜜是布施。在我寫給我們法鼓山的僧俗四眾弟子共勉語中，有這麼兩句話：「布施的人有福，行善的人快樂。」所以，要救濟我們的社會，改善我們所處的人間，必須要以付出為第一優先的方法。或許有人不贊同：「哼！我又沒有什麼多餘的東西，拿什麼去布施？」或者想：「如果將東西布施掉了，它又如何回來？」

布施是很微妙的事，布施如挖井，如將土挖得愈大愈多，則井中的水量愈廣愈深。這種理念不僅僅是佛說，中國的老子《道德經》也曾這麼說：「聖人不積，既以為人己愈有，既以與人己愈多。天之道，利而不害；聖人之道，為而不爭。」

我有一位弟子，今晚也在座，二十年前，家中尚不富有，便偷偷地在心裡發了一個願，希望在十年之內布施壹仟萬元臺幣。當時簡直像是癡人做夢，然而發願之後，在十年之中，恰如其願，布施了壹仟萬元，滿願後，便對她的先生說：「我已為你布施壹仟萬元臺幣，收據都在這裡，全都是替你做的。」先生非常驚訝地問：「你真的替我花掉這麼大一筆錢？可是我們在十年前怎麼會有壹仟萬呢？」「是沒有啊！」「但是，又哪來那麼多錢布施？」「因為我發願布施，所以時常將你的錢拿去布施，今天告訴你的目的，是讓你知道錢是用來布施，不是去做壞事。」接著她又問她先生：「我們現在擁有多少資產？」答案是已超過布施的十倍。她因為要布施，所以拚命賺錢，設法開源節流，並將多餘的款項布施。我們的社會確實需要這種人。

日據時代的臺北縣，有位義賊廖添丁，以偷得來的錢去救濟貧病的百姓。佛教並不贊成義盜的行為，佛法講究的是以自己的智慧力、心力、體力、資本，營生賺錢，將所賺得的資產，幫助社會，才是慈悲的精神。

二、慈悲與智慧

一般人將慈悲解釋為感性，將智慧說成是理性。其實只能算是相應，不能算是相同。譬如：當我在路上遇到年紀輕輕的人，伸手向我乞錢，我不給，馬上就有人會說：「師父，您怎麼不慈悲？」又如：在十年前，那是快過農曆年時，有位身強體壯的醉漢前來敲門，正好是我去開門，門一打開，他就往內跑，我在他後面問他：「請問找誰？」

「找法師。」

「找他做什麼？」

「要錢。」

「他欠你錢嗎？」

「沒有。」

「沒有！為什麼向他要錢？」

「沒有錢我怎麼過年？」

「為什麼沒有錢就不能過年？」

「奇怪！你為何不慈悲呢？出家人是慈悲為懷，還要問那麼多，簡直是多管閒事。」

「你究竟是要錢？還是想來打人？」

「我不打人，只給我錢就好。」

「好，請到裡面，我們再談一談。」

進到裡面，正好碰到一位高頭大馬、身材魁梧的信徒，我便告訴他：「請替我打發他。」轉身向醉漢說：「這位先生會照顧你。」說完話我立刻溜掉。

結果那位醉漢被塊頭比他大的信徒轟走了。那位居士心裡很納悶，更不是味道，百思不解，就忍不住跑來問我：「師父啊！怎麼可以這樣子對待人呢？我從來沒做過這種事，我見到剛才那種人上門也會給他錢，師父，您不但不給錢，還叫我做壞人！」

「對這種人，我們不能開例子，否則將後患無窮，他不病不老，是有辦法賺錢生活的，因為好吃懶做，才變成那樣。」

請問諸位：我是不是慈悲？我是慈悲的，希望他能重新做人，自力更生，為了社會、為他自己都是好的。

你們是否曾聽過，禪門祖師訓練弟子們的方法有棒喝的家風。不但罵人而且打人，禪門有句話：「香板頭上出祖師。」打罵教育，雖已不是現代人用的方法，不過在必要時，用重話點醒，還是必須的。

慈悲不是沒有原則的婦人之仁，對不起，在座有許多女性，你們都是女中丈夫，所以不要生氣，但也有很多的男性具備婆婆媽媽的婦人之仁，那就不是智者的慈悲。慈悲為懷，必須配合智慧的判斷，悲智雙運，才能自在解脫。

有些人當他們遇到布施的難題時，不免會在心中嘀嘀咕咕：如果不給，不滿其所願，恐怕將來會對己不利；如果給了，又擔心會有麻煩。於是整日憂心如焚似地，沉浸在給也不是，不給也不行，慈悲也不好，不慈悲也不對的情境之中，久久難以釋懷。請問這種人是有智慧嗎？當然是沒有智慧的人。如有智慧，就不會考慮個人的利害得失，更不會考慮自己眼前的反應和結果，只考慮對此人、此時、此境的好壞和利弊。

我自己是沒有智慧的人，我正在學習；我也沒有慈悲，所以也正在練習之中。我時常被弟子們用人情包圍，當有一位弟子很不聽話，不守常住規矩，要他離寺之時，總會有其他的徒眾向我進言：「師父！我們要不捨一眾生，任何一個眾生都有佛性，將來會成為高僧，今天不好，以後會轉變得更好，師父請慈悲留下他，我們大家都贊成他留下，也都能原諒他，不跟他計較，求師父不要讓他走。」請問各位，如果你是師父怎麼辦？留或不留？

再說一個譬喻：你家有隻小狗，因頑皮而掉入鄉下的野廁中，渾身上下沾滿了屎尿，結果跑到你的家裡到處亂闖，牠所到之處都被弄髒，這時的你如何處理？或許你會想：「沒有關係，家裡全是大便就讓它臭吧！有什麼大不了的事。」還是說：「哼！將這條狗趕出去。」或者是：「先設法捉住牠，再將牠清洗乾淨，然後放入屋內？」

是的，我們要先將他隔離，隔離一段時間讓他有所反省，如果一輩子都不能自我反省，而且懷恨不消，也沒什麼關係，也許今生不轉，說不定下一生就轉回來了，我們當為他祈禱。

一一、誰是慈悲的智者

有些在心理上和生理上不健全的人，無形當中會做出一些違害社會的事情，當年美國雷根總統（Reagan）被槍擊未死，凶手被捕，判決無罪，原因是槍手有精神病，故被關進精神病院，當醫生證明他的病痊癒以後，又回到社會去了。

凡夫不是聖人，也不是賢者，所以，行為無法做到恰到好處，試問被關在監獄裡的人，是不是全部都是壞人？不一定。做了壞事的人，是不是全被關在獄中呢？也不一定。做了壞事而逍遙法外的人還是不少。被判刑，無論是死刑、無期徒刑或較輕的刑罰被關在牢裡，其中根本沒有做壞事的人也不在少數，是不是？所以，我們的世間很難做一個絕對的判定，更不知誰是絕對的智者。

站在佛教徒的立場，有朝一日，願我們的世界廢止死刑的法令，只要我們的人類社會進步到某一層次時，死刑必定要廢除的，這才是文明的社會，否則，難免會有些人死得很冤枉。

在此，我要贈送兩句話給諸位：1.用慈悲來處理他人的事；2.用智慧來處理自己的事。

運用慈悲，至少是有感性的。例如：他砍我一刀，我當還砍他一刀。從理論上講，殺人者償命，種瓜者得瓜，種豆者得豆，這就是因果關係。可是從慈悲的立場看，他揍我一拳、砍我一刀，我已備嘗痛楚，如果回敬他一刀或一拳，本來只有一個人被砍、被揍，結果變成二人或更多人連累遭殃，一人受傷害已經很不幸了，二人受傷則更不幸。如果我們都有這種想法，逐漸地養成風氣，我們的社會就會見到淨土。我被砍、被殺是痛苦的事，若我回報殺人，人也會痛苦，我既被殺傷，我卻不忍去殺人，而且要設法不要再有其他的人去殺人了。

曾經有位居士的太太在街上走路，被計程車司機撞死。計程車司機沒有錢賠償，便準備坐牢，結果這位居士反而前去安慰那位肇禍的司機說：「請你不要害怕不安，我是佛教徒，我的太太已被撞死了，但是你家中尚有妻兒，需要你賺錢活口，從今以後，希望你能小心駕駛，要時常念佛號、念觀世音菩薩聖號，心裡要經常保持平靜，不要急著搶路，每天出門前及回家後，要多拜佛、念佛，這樣出門就會平安。你自己平安，人家也會平安。」司機感動得痛哭流涕，覺得自己是魔鬼，幸而遇到一尊佛。這是真實的例子，這位居士目前健在，已經在美國出家。這位居士是用慈悲來處理他人的事，他自己的太太被撞死了，當然很悲傷、哀痛，從此以後做更多的善事來紀念迴向給他的太太。其實，他最大且安慰的好事，是原諒了那位司機，而且還安慰他。我舉這個例子，並不是說所有的司機撞死人等於沒事，而是說做為一個佛教徒，應該以慈悲心待人，以智慧心對己。

一三、關懷與超越

以下我有四點結論，奉獻給諸位：

（一）理性如一部機器，各部分的結構和機件，清楚分明；感性如機器所需的油料，用來發動及潤滑機器。

（二）偏於理性會使人僵化，人與人之間的關係變成冷漠；偏於感性會使人混亂，人與人之間的關係變成雜亂，造成自他的困擾。所以，感情的氾濫會帶來麻煩，一味的講理也會製造出人間的災難。

（三）理性與感性的調和，能為人間帶來人性的莊嚴和人情的溫暖。對人的關懷，不一定要講理性，對於恩人、親人固然要關懷，對於仇人、對頭也一樣要付出關懷，這是屬於感性的。政治上的政敵，碰在一起總是彼此互相叫囂對罵，最好能養成互相關懷，希望自他都能成長；故要用感性和理性才能調和，才能帶動社會的進步和增長人間的溫暖。我們要建設人間淨土，首先要應用感性和理性，活用感性和理性。

（四）理性與感性的超越，能為人心展開無限廣大的活動空間。超越於理性和感性之外，不受兩者所束縛，不會由於理性的考慮或感性的影響而產生心理上的矛盾、衝突和限制。如果心量狹小，縱然生活在富裕的物質環境之中，仍然不會覺得快樂幸福。心若開朗、容人、容物，雖處貧困或身陷囹圄，也會覺得無限廣大。

在座的諸位之中有人曾經坐過牢，我不曾坐過牢，卻閉過六年關，我的關房比你們的牢房更小，活動範圍更受到限制，但是我心中的天地跟宇宙同大，甚至沒有宇宙的感覺，時間快速飛逝，超過我的想像，六年的時光好像是一晃而過，每天我在裡面很快樂。為什麼？我心中沒有一定想得到的東西，沒有事讓我恐懼害怕，沒有事令我興奮激動。當我們超越了理性和感性，就不會為自己和他人製造困擾。至於如何才能經驗到理性與感性的超越？要用禪修的工夫，以及佛法的觀點，來做為修養的練習和指導。

（一九九二年九月六日講於臺北國際會議中心）

提得起．放得下

今天非常榮幸，應邀到臺北市政府，與市長黃大洲先生及市府各位高級長官，共同探討佛教的修行觀念。現今社會到處有著問題，就是因為我們的社會正在變動的緣故。當我們的身體在跟著社會脈動而在動的時候，還要保持心不動，是件很難做到的事。如何能在動中取靜，一方面須有正確觀念的指導，另一方面還要有踏實的修行工夫。以下我們就來談如何「提得起．放得下」。

一、人分三類

我通常將人分為三類：

（一）提不起．放不下

芸芸眾生中最多此類的人。沒有擔當，不願負責，貪求享樂，卻又放不下名利的追逐。

（二）提得起・放不下

此種人有擔當、有進取、有能力。可是，一旦要他將到手的名位及權勢放下時，卻又捨不得。其實在我們的生命過程中，絕不可能一直是平步青雲、年年高升；有時也如登山，沿途是崎嶇不平，有起也有伏。因此，只能升而不能降的人，終將引起心理上的不平衡而痛苦不堪。

（三）提得起・放得下

此種人有擔當、有能力，可負大責任，心地坦然。由於大眾及現實環境的需要，隨時可出馬；當大環境的情勢改變時，隨時可以放下，毫不眷戀，且更有寬廣的胸襟，隨時迎接另一個階段的新發展。世間上能做到這種境地的人畢竟有限。

例如：臺北市長的職位在市民的心目中非常重要、崇高，但當市長的也不可能當一輩子，如果擔任了「市長」職位便捨不得放下，就沒有辦法有更高層次地提起了。

接著我們講佛教對「提得起．放得下」的觀念。

二、從因到果的因果關係是必須提起的

若想獲得豐收，就必須勤於播種。然而播種以後，不見得都能得到結果。例如：昨天有位先生來見我並埋怨說：「師父，我這一生做了許多善事，可是我卻得不到好的果報，縱然得到也是少得可憐。請問師父，我還要繼續做好事嗎？」我告訴他：「世俗『善有善報』的觀念固然不錯，但種善因不見得收到善果，就好比一棵開滿桃花的桃樹，最後結成果實的又有多少？因此，不見得每一朵花都能結果實，而結了果實的也會有大小不一、甜澀有別的情形。就如同在我們的生命過程中不可能事事如意，總有一些違逆之事，所以有因不一定有果，但是欲得結果又必定要種因。我們更應該有『種瓜不一定得瓜，種豆不一定得豆』的心理準備，才能坦然地生存，不斤斤計較種瓜一定要收成，否則一有收成的企望，則可能大失所望而痛苦不堪了。」

三、聚散無常的因緣關係是必須放下的

人的聚散離合，都是基於種種因緣的關係。有恰到好處的因緣，便可能展現出好的結果；如果在進行過程之中摻入一些不順利的因素，將導致各種不如意的事情。因此，在人的生命過程中，很少可能有「事事如意」的好運，通常都是在接受折磨之中向前邁進。請問在座的長官之中，是否有人一直是風平浪靜，而未受到過任何困難和波折的呢？

我這一生也都是在各種的磨難中走過來，每當我面臨困難時，並不逃避它，而是希望改善它。如果已經盡力尚無法改善，也不立即放棄，但要暫時擱置。因為一切現象的發生，均各有其因緣，並不是僅憑一人的勤惰及意願所能掌控的。凡事必須努力，但也不得強求。若明因緣的道理，就會知道能提即提，當放則放了。

有很多自信心非常堅固的人，樣樣都自以為高人一等，凡事都認為只要肯努力，終必達成目標。這種人除非是深具大福德、大智慧，否則僅依靠個人的力量，不仰仗他人的助緣而有成者，畢竟少見。無論如何，欲成就任何一樁事，都必須仰仗眾多的因素互相配合方能成就。

我也經常聽到有人這麼說：「今天臺灣佛教之所以興盛，是因為有某幾位法師大力弘揚的關係。」其實這種說法未必正確，這幾位法師在數十年前都已經在臺灣，同時還有老一輩非常有名的法師也極努力地弘揚佛法，卻沒有將正信的佛法推廣到社會上每一個角落去。為什麼？因為今天的經濟條件、政治因素以及社會結構等等已和以前不同。也可以說，因為現在的社會需要佛教，所以就有幾位法師配合社會風氣運作推動。如果是二、三十年前，臺北市政府根本不可能邀請和尚前來演講。也正因為現代人的觀念願意接受佛法，所以這幾位有名的法師就因應社會的需求而出現了，此即所謂「時勢造英雄」，因緣就是如此。既然是因緣促成，就不能過於「凸顯」自己，因為「凸顯」自己，必然是將別人「壓下」。表面上好像全是仰賴自己的努力，其實，若無社會其他各種因素的配合，個人有大成功的可能不大。

在我們的社會上，也有一些人，並不十分努力而有大成就的。這好比「孔明借箭」，孔明是借曹操之實力而用到了曹操的箭。可見個人事業上的成功，總是不能離開他人的助緣，因此，首先須將自我的自負心放下。

四、放得下是為了進步與包容

（一）為了迎接明日新時代的來臨，必須放下今日舊現實的執著，才會有進步

大家都知道為了迎接新興的，就必須放下舊有的；為了進步就須放下昨天的自我，而重新建立今天的自我，以求明天的進步。如果老是堅持自己的老想法和舊觀念，不願接納他人的建議或現實社會的運轉，此即表示這人根本毫無進步可言，同時他也不能被時代和社會所接受。

釋迦牟尼佛留傳給我們的教導是：捨棄自我的執著，因為事事物物都是無常。也就是說，任何事物都會由於因素條件之異動而有不同的變化，既然會變化，為何不順應著因緣時節而加以推動呢？為何不化被動為主動，放下再提起呢？如果基於不願放棄既得的權利地位，所以產生自我矛盾，不但自己跟自己產生衝突，也跟環境對立。如果能認清事實，一切都在進步之中，一切都在演變之下，又有什麼捨不得、放不下的呢？

記得有位居士對我這麼說過：「師父啊，您老囉！您會不會死？」我答：

「人，不可能永生不死。」「師父，您怕不怕死？」「死是這一期生命的盡頭，也正是另一段生命的起點，並不是說人死就一了百了什麼都沒有了。世界上任何現象的生與滅、起與伏，都是自然現象，所以，死亡並不可怕，死亡是放下，因為能放下就是為了進一步再提起。」

（二）為了成全家庭社會的和諧幸福，必須放下個人權利意見的執著，才能夠包容

能放下個人的意見、執著，至少在家中會得到家人的認同。自己認同別人，一定是先放下自己才能做得到，否則，僅僅相信自己而不認同他人，縱然是親如夫婦也會起干戈，更何況是兄弟、姊妹、朋友、同事之間的無法體諒和包容，當然會問題重重、爭鬥不已了。如果每一個人都能站在自己的原則之下，又不堅持己見，且能包容他人的話，從表面上看，好像是放棄自己的立場，將自己既得的利益、權勢、名望、地位拱手讓人，自己似乎吃了虧。其實，若是恰到好處的退讓，以近處看，好像只是讓給一人而已，就長遠看，說不定將來可獲得十個人、百個人的擁護與愛戴。

例如：有人認為，師父對弟子而言，具有權威性。在佛法的原則上，我會堅持。但是，我不會對我的弟子有相爭的行為表現出來。我的弟子常常會說：「師父，您錯了。」或是：「師父，這件事情您處理得很不恰當。」我會說：「啊！是的，我錯了，是我處理不對。」事實上是不是我真的錯了呢？不一定。站在師父的立場，可能錯誤，但也不一定是處理不當。但是既然有弟子認為我錯了，一定有他的原因，那是站在他自己的立場，認為師父不應如此。我為了包容他，就必須接受他的意見，否則他將難以成為我的弟子。能夠承認對方的想法是對的，因而調整自己的作法，這就是包容。當我們包容他人時，好像是放棄了自己，實質上並非如此，他們反而成為我的弟子，既然是我的弟子，才能跟隨我學佛，幫助我弘法。所以，還是要「放得下」，才有進步和包容。

五、唯有能放下，才真提得起

（一）放下主觀意識之判斷和考量，首先要不為自我的私利設想

放下，是放下主觀意識及自我中心的判斷和考量，但這並不等於是沒有決斷

力，而是不用自我的主觀意識來加以判斷。例如：我和學生及弟子們在開會時，我首先會推動他們從主題上獲得答案。要得到答案，必須靠他們自己運作，我不會給予他們任何的意見，僅告訴他們明確的主題和原則，然後再請他們輪流各抒己見。如果一開始我就發表自己的意見，加上自己主觀的色彩，事情運作起來就會有種種的障礙，特別是在民意高漲的民主社會裡，做一個師父必須學著如何捨棄自我的主觀，才能讓弟子們預期受教。

（二）其次要提起整體的、全體的、大眾的，以及對於社會的、國家的、世界的責任與義務

許多人希望「提起」，總是以自我的利益為優先考量。譬如：自我之陞遷、財務之獲得等等，此無非是為了保障自己及兒孫的將來安全。但是，如果是一個有高尚人格修養的人，絕不會如此。否則，動不動就以個己之利益為著眼點，社會將會動盪不安，我們的眼光一定要放遠、放大，能如此，自己就處於遠大的前景中。

（三）能夠放下的人，是有智慧的人，是自在的人，是解脫的人

放得下的人，應首先放下自己，其次放下周遭所有的一切。所謂「放下」並不是沒有自己，而是指沒有對抗心，沒有捨不得之心。我們是雙手空空地降臨人間，死時又能帶走些什麼？又有什麼東西「放不下」？隨時隨處對任何事物無一絲毫牽掛或捨不得，能如此，才談得上是自在，是解脫。

例如：有人蓄意破壞、毀謗，目的是令你名譽破損，這是最難忍受的事。如果你能在名譽被破損時，還能保持心境坦然，毫無罣礙，那麼，名譽的損失，對你而言，絲毫不會構成任何的威脅和壓力。

（四）能夠提起的人，是有慈悲的人，是負責的人，是奉獻的人

釋迦牟尼佛放下王位出家，乃至成佛之後，又一肩挑起全人類的災難，為一切眾生的福利而宣揚佛法，這就是慈悲心的展現。所謂「一肩承擔」是擔起責任，我們不能將自己應盡的責任和義務放棄。我們的權利及自我中心可以「放下」，但是責任和義務一定要「提起」，這樣就佛法而言，才是慈悲。

能放得下，是為了要提得起。放下自我，而奉獻出自己；放下私利，而成就

社會大眾。提起之後必須放下，才會隨順因緣，舒卷自如，能大能小，自由自在。

今天我準備得不夠充分，耽誤了各位四十分鐘的時間，還請各位長官多多指教，也歡迎諸位有機會到農禪寺指教。

（一九九三年八月三日講於臺北市政府會議室）

提起與放下

一、提不起也放不下

能夠提得起、放得下，並不是一件簡單的事。許多人把這兩句話掛在嘴邊，能否真正做到便大有疑問。一般人的態度是既提不起也放不下，提不起責任和義務，放不下名利和地位，希望爭取更多權力、名望，卻絕少考慮是否已盡自己該盡的責任和義務。

（一）提不起意志和毅力，放不下成功和失敗

在人生過程中，如欠缺堅定的意志和毅力，便難以成就大事業，也難免在努力的過程中退縮。所以，成功或失敗，關鍵在於是否具備足夠的意志與毅力。

有些人，瀕臨死亡邊緣，在彌留之際，為了渴望會見親人，能延續自己的生

命直至與親人相聚才逝世。也有些人，憑著願心和堅強的求生意志，能在重病或災難中奇蹟地活下去。

無論爬高山、游長泳、走遠路，均需堅強的意志和不拔的毅力才能夠在指定的時間內完成。因為，當極度疲累和面臨困難時，往往容易萌生退意而放棄目標。但是，既渴望成功，又害怕失敗，意志力又總提不起來，這種人非常痛苦。

（二）提不起信心和願心，放不下貪心和瞋心

進行任何事業或計畫，首先必須具備信心和願心才能完成工作和目標。很多人沒有自信心，懷疑自己的能力，不敢相信自己能夠有大成就，也因而對自己的未來和事業的前景缺乏願心。

我寫的〈四眾佛子共勉語〉中第一句是「信佛學法敬僧」，信佛是信心，學法是願心。先相信學佛對我們有用，開始學習，也就會照著去做。而修學佛法的目的，是希望自己將來也能成佛，這便是發大願心。能在信佛以後向僧學法，然後努力不懈地繼續修行的，則很不容易。因此，便有這樣的四句話：「信佛三天，佛在眼前；信佛三年，佛到西天。」

三年前，我與一位美籍弟子到美國中西部演講，我們駕車從一州出發往另一州。沿路上，約三個小時仍未抵達，我問他：「我們現在的位置是什麼地方啦？」「在公路上。」他答。我又問：「可以到達目的地嗎？」他便答道：「沒有問題。」

「那為什麼還未到達呢？」他馬上反問我說：「師父，您對我沒有信心嗎？」稍後，在進入目的地附近的時候，他卻冒出一句話：「師父，我們現在究竟在什麼地方呢？」終於，在查看地圖和請問沿途路人後，發現已經離目的地不遠了。從這一點來看，在人生的過程中，經常出現這樣的現象，有時候是自己自信不足，又或者是雖然自己充滿自信，相關的旁人卻對你缺乏信心。

在美國，曾經有一位大學二年級的女孩子向我提出要求出家的意願，我提議她先完成學業再做決定。當她大學畢業後，我詢問她是否仍有願望出家。「當然囉！」她應道。結果她卻希望繼續讀完碩士後才出家。當我再度問及她完成學業後的打算，她依然以同樣堅定的語氣答道：「當然是希望出家啦！」直到今年她已讀完碩士學位，我再問她，她卻對我說了一句實話：「師父，坦白說，好像出家跟在家也差不多呀！」這便是願心不能堅持的一個例子。今天希望做的，明天未必會做，今年的計畫，明年不一定會進行。這種情況，在美國尤其普遍，他們會解釋說：「我的意願改變了（I have changed my mind）。」

一般人是既提不起信心和願心，也放不下貪心和瞋心。「貪心」是追求，渴望爭取，貪得無厭。「瞋心」是因求之不得，驅之不去，而起怨恨。這兩種情況，時常擱在心上，丟不開也放不下。其實，只要是分內的，應該拿的，接受了也不能算貪心；而不應該要的，非分的，卻千方百計，挖空心思，希冀得到，愈多愈好，這便是貪心。若不能稱心如意，反而有種種折磨，惡運連連，橫逆重重，便無法不起怨怒。然在日常生活中，我們又很難察覺到自己是個由於貪念和瞋心的受害者，因此，也無從放下。

二、應當提得起也要放得下

（一）要把去惡行善的心提起，要把爭名奪利的心放下

做為一個正常人，最基本的是要認識到行善是自己分內的家事，止惡是自己該盡的責任，何況是一個佛教徒，一個修行的人！「止惡」是不做對己對人有

害無益的事；「行善」是須做對己對人有益有利的事。若以菩薩的立場，不會考慮自身的利害，心中只有眾生的利益。在佛經中的止惡行善有四句話，稱為「四正勤」：「已作之惡令斷除，未作之惡令不起；未生之善令生起，已生之善令增長。」這可用作判定一個人的善惡標準的依據。通常的人，也可說絕對多數的人，都會認為他們是沒有問題的好人。但是，如果連善與惡的標準是什麼都無法分辨，就應該好好考慮一下所謂「好人」的定義是什麼了。起碼要知道止惡行善的定義，並不是那麼簡單。知道不該做的事不會做，應該做的事一定做。那又根據什麼而認為該做與不該做呢？不以個人的判斷來取捨，當以公益作衡量，以佛法因果為準則。

很多人批評他人爭名奪利，卻不知道自己也是一個爭名奪利的人。所謂名是什麼？名有大名、小名，還有出鋒頭的事。當別人獲得益處或光榮的時候，自己的反應究竟是讚歎、歡喜、欣賞？或者是嘲笑、妒嫉、破壞呢？夫婦、父子之間也常會有爭風吃醋、看不慣、放不下的時刻。假若太太比丈夫更有名氣，有些做先生的往往會感到難受。至於兄弟之間，是否能夠做到會為了手足獲得殊榮而備覺高興呢？多半是會的，有時則不然。

我認識一對夫婦，太太榮獲獎狀，新聞被報章報導，太太滿懷高興地拿著報紙展示給她的先生閱讀。先生接到手上一看，竟然非常不屑地把報紙擲於地上說：「什麼玩意？妳也得獎，哪裡還有天理！」身為丈夫的，不但不因妻子得獎而感到光榮，反而認為太太獲獎顯得比他傑出是件豈有此理的事。

（二）要把成己成人的心提起，要把成敗得失的心放下

成就自己目的是為成就他人；若要幫助廣大的人群，必須先要充實自己。在充實自己的過程中，同時也在做著成就他人的工作。正在做著利益他人的工作之時，必然已在促進了自己的成長。然在成己成人的過程之中，難免會遇到障礙，所謂道高魔更高，道高一尺，魔高一丈。因此要能經常把成己成人的心提起，成敗得失的心放下，才能堅定信心，鞏固毅力。走在成功的道路上，失敗乃是過程之一，失敗的本身，也就是成功的重要因素。但是，一般人只能享受成功的歡樂，卻禁不起失敗的歷練，那樣的成功是福報，遇到了失敗便動搖。這也正好解釋了為什麼一般的凡夫好不容易成為偉人的最大原因。其實偉大的人格，是從成功與失敗的交替過程中培養出來的。

我在日本留學的時候，剛選好博士論文的主題，請到了論文的指導教授，進行不久，指導教授突然過世，同學們知道後，便說我完蛋了！不久我又找到了另一位指導教授，我把論文送去，指示要我重寫，又有同學以為我糟糕了！當時的我，雖感到麻煩，但卻認為正好可給自己歷練的機會，沒有成功，也並未失敗。由於有了第一次、第二次的經驗，才會使我珍惜留學因緣，鼓起勇氣，重寫第三遍，最後我的論文終獲順利通過。由於我相信好事多磨的道理，既已有了心理準備，遇到困難，便不覺得是失敗，也不考慮能否成功，只是繼續努力，做我能做而當做的事。做一日和尚撞一日鐘，過一天日子吃一天飯，凡事盡心盡力，放下成敗得失。

（三）要把眾人的幸福提起，要把自我的成就放下

信佛必須學佛，學佛必須效法菩薩精神。菩薩心中沒有自我成就的企圖，只有成全眾生的的悲願。凡是能讓眾生得益的事，便不考慮個人的成功與失敗。凡是眾生需要救助，菩薩便會適時適地出現於眾生面前，菩薩不為他們自己做任何事，並非為了他們自己要成佛而度眾生。

普通人若要學習菩薩的精神，首先得把自己放下來，不論個人的成功與否，必須先把其他的人照顧好。對於家庭，首先要把家人的事辦好；對於團體，則以共同的利益為前提；對於社會，乃以大眾的福祉為著眼。你如能做到這樣的程度，必可獲得他人的歡迎，看在眾人眼中，你便是菩薩的化身。

三、禪修的立場

（一）放下散亂的心，提起專注的心

在沒有修行禪法以前，心猿意馬，無法作得自心的主人。修行是利用數息、參話頭等方法，讓平時不受控制的心，逐漸調整成為專注的心。未用禪修方法之前，尚不知我們的心念竟會如此地難以駕馭。唯有開始修行之後，才會發現我們的心是極其脆弱、多變而又缺乏自主能力。當你打坐的時候，便會發覺你的心念經常如野馬奔騰，無法停止。有些人，嘴巴雖在誦經念佛，頭腦卻在魂遊太虛；也有些人，身體雖在打坐修定，心念卻在雲霄之外。

我曾見有一位太太，正在家中敲木魚誦經修行，中途卻高聲呼叫：「兒子

啊！把爐火關掉，鍋子快燒焦啦！」照顧爐火是對的，但她為何不在誦經之前先做交代，要在誦經做功課時心繫兩處？這便說明，很多時候，不在乎有散亂心，也不知道那有什麼不好。心念很散亂，仍然不自覺，如用禪修的方法，便可協助你，經常可以發現自己內心的散亂，若能發現散亂便已經是在用功修行，心念便會漸漸專注集中。

（二）放下專注的心，提起統一的心

這是進一步的階段。專注是以打坐、念佛等為方法，等到念頭統一時，協助你專注用功的方法也放下了。這時候，便可享受到天人合一的無限之我的存在，感覺自己與宇宙合而為一，通常在哲學及宗教的領域中，稱之為「大我」或「神我」的境界。對於淺嘗即止的禪修者，並不容易達到這種程度，唯有鍥而不捨的大哲學家、大宗教家、大修行者，才能有這種將心內心外打成一片的體驗。

（三）放下統一心，提起自在心

這便是從大我的層次，提昇到體驗無我、無人的解脫境界。猶如《金剛經》

中提到的：「無我相，無人相，無眾生相，無壽者相。」沒有主觀的自我，沒有個別的客觀對象，沒有眾多的客觀對象，沒有時間的延續過程。一般哲學家、宗教家，把統一的、天人合一的境界，即認作自在解脫，其實那只是放下個別的小我，卻抓住了全體的大我，不是真自在。放下大我之後，便是超越到無我、無人、無眾生的無相及無心的層次，才是絕對的自在。

《金剛經》的「無我」是沒有主觀的自我；「無人」是並沒有一定的、單獨的、客觀的對象；「無眾生」是沒有許多客觀的對象；「無壽者」是指既無我、人、眾生，也沒有他們在時間中的活動過程。如果對於空間的現象和時間的過程，都能心無罣礙，便是解脫自在的境界。

(四) 徹底放下，從頭提起

放下成敗得失，然後念念新生，從頭提起。我們在勸勉進入禪修生活的新人時，常常會提醒他們要「大死一番」，便是徹頭徹尾地放下自己的一切心理執著，才好重新開始做為一個盡責任、盡本分的修行人。換言之，若要改頭換面，成為一個獨立自主的智者，必須先要放下自以為是的自我，才能尊重他人，關懷他人。

人在世間，只有身分和立場，責任及義務，並沒有特定不變的自我。責任是指著你的身分和立場而言，有許多非做不可的事，否則，便是不負責任。義務則是除了責任之外，仍可依你自己能力所及的範圍內，去做額外的事，以幫助別人。

（五）放鬆身心，提起正念

最近有一對年輕夫婦來探望我，我問候他們的近況時，太太便表示她的先生最近由於修行太猛，導致身體不太舒服。其實，禪修的基本要求，就是放鬆身心，如因求好心切而造成身心緊張，就容易發生身心的毛病。不過，若要放鬆身心，必先試著把成敗得失的念頭放下，若有只顧耕耘不問收穫的態度，才能輕輕鬆鬆地練習禪修的方法。不斷地把注意放在方法上，便是正念相繼，時時不離所用的方法，便是時時不離正念。類似的心理狀況，也可用於日常生活的起居作息，一面保持身心愉快，一面保持身心平衡。

四、提放自在

有提有放的是普通人及修行人；提放自在的則是大成就者，甚至是聖者或大菩薩了。現在用四點來說明：

（一）因果循環的信念必須提起，因緣聚散的現實必須放下

相信因果，我們便會對自己的行為負責任。因為種因雖不一定得果，有果則肯定有因。用我們的身心每做一件事，便會相對地獲得每種程度的反應，不論是直接反應或間接反應，或者對外界沒有發現反應，對自我的身心也會產生反應，那便是因果的延續性，以及連鎖性和循環性。

日常生活中接觸到的一切人、事及物，都是因緣聚散的現象。因緣聚則有種種現象凸顯、延續；因緣散則使現實環境變遷、消失。世事變幻，風雲莫測，起滅無常，出沒不定，因此，我們毋須對現實的環境看得太實在、太認真。從因果看是有的，從因緣看是空的。由於有因有果，所以要負責任盡義務；由於因緣是空，所以失敗不必傷心，成功毋須驕傲。

（二）因有慈悲心，所以提得起；因有智慧心，故能放得下

慈悲心是以一切眾生為救苦救難的對象，以至一肩承擔一切眾生的苦難。智

慧心是從不考慮自己的利害得失，也不在乎眾生會不會感恩圖報。

我曾有極少數學生及弟子，或隨我學佛學，或跟我修禪修，數年後離開我，並且到處批評我。幾年後，有的倦鳥知返巢，有的一去不回頭。有人問我的感受如何？感想如何？我說我只知道盡心盡力把師父做好，把老師做好，至於弟子及學生的動作，是他們自己的事。做為師父與老師的我，雖然不得不面對不仁不義的學生及弟子，我可不能沒有智慧，去做一個沒有慈悲的長輩。

（三）因果不可思議，因緣不可思議，當提即提，當放即放

很多人無法了解因果與因緣，不了解為何有些人時常獲得照顧，有些人卻總得不到照顧。有時候，當你準備照顧某人，他卻已經離開；相對地，有些人雖然你從未預料到要照顧他，他卻適時出現在你面前。這都是不可思議的因果及因緣所致。

在臺灣有一位男居士，期望我能為他舉行皈依三寶的儀式，前後等待了三年時間，總是因為我們相遇的時間不恰當，地方不合適，因果未到時，因緣不成熟，迄今仍無法使他達成願望。

（四）眾生的業報不可思議，諸佛的悲智不可思議——提放自在

眾生的業報與諸佛的悲智難以想像。能否獲得救濟，一切都得看因緣是否具足。諸佛以平等的大慈悲心普度一切眾生，沒有特定的被度對象。例如：地藏菩薩曾說：「地獄未空，誓不成佛；眾生度盡，方證菩提。」他將所有的眾生均看成是他要度的對象，卻有許多眾生並不領情，並未打算要讓地藏菩薩來度，地藏菩薩卻永遠很有耐心，永遠在度眾生，所以他是「提得自在」。

曾有一位先生，我一再勸他早日學佛，他卻應道：「不急啦！現在的我還不想學佛，反正你們有一位地藏菩薩，總有一天會來度我。」事實上，地藏菩薩當然會等待此人，不過此人若不早日求度，仍然由於業力而處身於煩惱的苦海之中，毫不輕鬆。地藏菩薩則是以願力度眾生，雖然同樣是處身於三界的火宅，卻是自由自在，千萬不要誤解。

《華嚴經》內提到：「無一眾生，而不具有如來智慧。」意思是說，當釋迦牟尼佛初成佛時，看到一切眾生都具備了佛一般的智慧、福報。在佛眼所見的眾生都跟佛相等，因此對佛而言，並沒有眾生可度。但是，這並不等於放棄眾生、不再度眾生。所以《金剛經》中便說：「滅度一切眾生已，而無一眾生實滅度

者。」這說明了在眾生的立場，尚需佛度，不過佛度眾生乃至度盡之際，終不以為佛已度了眾生。既不抱著一種救世者的心態來度眾生，也不執著這廣度眾生是做的什麼功德。所以，在度了一切眾生後，也沒有認為自己在度眾生，或有任何一眾生被他度了，這便是「放得自在」。徹底放下，但又全部提起。

五、禪宗的提放不二

（一）《維摩經》云：「善不善為二，若不起善不善，入無相際而通達者，是為入不二法門。」這是講善惡平等。

（二）《六祖壇經》云：「邪正俱不用，清淨至無餘。」「邪正盡打却，菩提性宛然。」這是度自心中的無邊眾生，斷自心中的無邊煩惱，學自性中的無盡法門，成自性中的無上佛道。也就是說，雖然忙碌，其實無事，是放得下。

（三）《六祖壇經》又云：「不思善、不思惡。」這是心中無物的智慧境界，也是放得下。

（四）虛雲和尚云：「空花佛事時時要做，水月道場處處要建。」這是表現出無盡的悲願，所以在放下之後必當提起。

（一九九三年十月二十三日講於美國紐約華埠的中華公所，李果嵩居士整理，聖嚴於十二月七日補充修正成稿）

無常與無我

一、無常是苦

佛法的基本觀念是苦，因為無常所以是苦。一般的人不知道苦從哪兒來，實際上「苦」有所謂的四苦或八苦。四種苦是基本的觀念，乃指生、老、病、死。生並不是指出生，而是生存、生活；人在出生以後，於生存、生活的過程中，本身就是一個苦的事實。在這個苦裡，又含有無常，無常就是由少小而變成衰老，老是指生命的過程，一天一天地過去。年輕人可能不覺得生命的過程是痛苦的，其實我們多過一天，就有一天的不舒服在病中過去。人還年輕時就很害怕死，死亡的威脅及死亡的事實，都是最苦的事。生、老、病、死四種苦，是釋迦牟尼佛悟到的人生四大真諦的第一真諦。

除了上述四種苦之外，還有愛別離苦、求不得苦、怨憎會苦和五蘊熾盛苦，

加起來便成人生的八苦，這些都是由於無常的關係。「求不得苦」是因所求的對象在變化，自己也在變化，條件也變了，所以求不到。昨天他愛你，今天有第三者插進來，把你愛的人搶走了，因緣產生變化，就是無常，所以求也求不到了。也有已經得到手的，因為因緣產生了變化，上了架的鴨子，也有可能飛了。無常是不斷地變化，變化無常，故有求不得苦。

「怨憎會苦」是不是也是無常？是。怨多半是從恩來的，如果從無始以來彼此互相沒有關係，怨亦無由生起。怨深的原因，是彼此之間互相有恩，互相的關係比較深，結的怨恨也比較深，例如：夫妻之間就是「不是怨家不聚頭」。怨家就是情況變了，本來是恩愛的，但是由於情況變化、觀念變化和環境變化，就變成了怨家。誰都不想恩愛變成怨家，但是由於與自己的利害相衝突，以及環境變化的影響，就成了怨家，而怨家還又不容易分開，反而常常會碰在一起，這就是怨憎會苦。

「愛別離苦」也是無常，這很容易了解。親子之愛、師生之愛、夫妻之愛、朋友之愛，彼此互相非常親愛的人，由於發生情況、因緣變化、自然現象等，便非得分離不可，這也是無常。

「五蘊熾盛苦」也就是四大不調、心理矛盾、精神失控。四大是指物質的身體不調和，因為它的變化無法控制預料，就成了病苦。還有自我的思想，內外發生衝突，自己的思想在變，外在環境也在變，不能適應；自己折磨自己，前念和後念互相較勁；昨天的想法和今天的想法不一致；魚與熊掌不能兼得的衝突；理想與現實的脫節；物質與精神的失衡等等，便造成了造惡業、受苦報的一生又一生，五蘊相續。

二、無常放得下

如若能夠覺悟萬法無常的話，馬上便得解脫；不了解無常，不知道是無常，所以淹沒在苦海。如果已經觀察到、理解到世間所有的一切現象都是無常，那就多少能夠看得開一些，也不會有那麼多的放不下了。連我、你、他都是無常，既然是無常，對於自我的價值標準，對於他人的價值判斷，就馬上有一百八十度的轉變。

在美國，曾經有一人中了樂透獎，電視記者問他準備做什麼？他就大聲哭著說：「不得了啦，我不知道怎麼辦，好高興！但是我不知道怎麼辦，以後有這麼多錢，我怎麼辦呢？從今天晚上起我就不敢睡覺了，我不知道怎麼辦。」如果此人能知道無常，就很簡單了，抽到樂透獎，慢慢地用掉就沒了，或者不小心丟了、被人騙走、搶走了也就沒有了；如用來投資，賺到億萬財產，死亡時，別說金錢帶不走，連身體也得放下來。何必緊張？擔心什麼？這也就是說，由於一切現象既是無常，遇到好事，不必歡喜；相反地，如果發生倒楣的事，知道是無常，也就不必苦惱，很快地，倒楣運也是無常，就會過去，否極泰來，正好又有一番新氣象了。

三、無常是空

知道是無常就能理解到空的道理。空並不是指空空如也的沒有，而是指的不能永恆、不是真實、捉摸不定、隨時變化，因此叫它是空，空才是不變的真理。

無常就是苦，無常就是空，無常即無我。這是佛法基本的道理，能夠接受苦、空、無常、無我的道理者，即是正信的佛教徒。

有一次，有位先生聽我講完四聖諦和苦、空、無常、無我之後，就跟我說：「法師，您不能再講了，您再講下去，我們這個世界就完蛋了。多消極！多悲觀！完全沒有希望了。」諸位是否也有同樣的感覺、同樣的反應？其實在我們的日常生活裡，根本不知道有苦的這回事，雖然聽到了無常這個名詞，事實上不可能體會到無常；雖然講空，不可能感覺到是空；雖然講無我，不可能沒有我，連我自己也有「我」呀，否則又是誰來為你們做這場演講呢？但這是佛法的原則，也是最高的理論，如何能從實際生活中來運用它，是需要很多的方便及方法的。修學佛法，稱為修道，四聖諦便是最基本的入門法。

四、四聖諦

四聖諦是釋迦牟尼佛最初在鹿野苑對五個比丘所說的法，稱為三轉四諦法輪。佛將苦、集、滅、道的四個項目，用三個層次說了三遍，來表達從苦集而到苦滅的程序，這是佛法的根本要旨。第一個層次是將苦、集、滅、道的道理說出來；第二個層次是已經知道了苦、集、滅、道；第三個層次是道已修、苦已滅、集已斷。到了第三個層次，就是證了阿羅漢的解脫果位。轉第一法輪時，說明了人生的事實就是一邊受苦和一邊集苦，循環不已，在生死裡流轉不已。轉第二法輪時，說明知道苦是什麼、集是什麼以後，就來修習八正道，修道之後才能夠斷集滅苦。

五、八正道

希望解脫，必須修道，不修八正道便不得解脫；修持八正道，能斷造罪集苦的因而達成滅苦成道的目的。

何謂八正道？是指正見、正思惟、正語、正業、正命、正精進、正念和正定。八正道在不同的經典裡，有幾個名詞彼此略有出入；但是正見、正念、正定、正思惟、正語和正業是一定有的，這些合起來實際上就是戒、定、慧的三無漏學。無漏的意思是沒有漏洞。為什麼？不求果報，便只有裝進去的而沒有拿出來的，所以只有增加不會減少，這叫作無漏。如果裝進去了還拿出來，則是有漏。只要以無所求的無我心來修任何法門，都可名為無漏學。

若能修道，便能悟道。悟什麼道？便是悟得「無常」即「無我」。

提昇人品的佛教

許多人把佛教神化，也有許多人把佛教鬼化。神化是指信佛的人把佛看成是神的代表；鬼化是指將佛教看作是專為過世的亡靈而設的。其實正信的佛教是為教化人間而有的。在過去，信佛的人多認為人在世間實在太苦，應該離開世間，早些生到佛國淨土去才好。所以把信仰佛教的唯一希望，寄託在往生阿彌陀佛的極樂淨土。現在的我們，雖然也鼓勵念佛的人往生西方，但在未生西方之前，應先努力把我們現在的人間，建設成為淨化的社會。最近幾年來，我們正在開創一個名為「法鼓山」的道場，我們的理念便是「提昇人的品質，建設人間淨土」。現在就將今天的講題分作五大要點，向諸位請教如下：

一、做為一個源遠流長的宗教，具有三個特點

（一）以信仰為基礎

所謂信仰是對於自己所未知的，卻深信其存在。就如同「高山仰止」，雖看不到頂端為何，但相信確有那偉大的事實存在。對佛教而言，便是信仰佛、法、僧的三寶。

「佛」是福德智慧已經修行圓滿的人，其人格已達絕對的完美之境。地球的人類史上，修行成佛的人只有一位，就是二千六百多年前生在印度的釋迦牟尼佛，又被稱為釋迦世尊，簡稱佛陀或釋尊。

但是釋尊告訴我們，在他之前的過去，已有無量的眾生成了佛，未來也會有無量的眾生將成佛，如今在我們的地球之外的他方世界，亦有十方的無量諸佛，正在說法度眾生。

三世十方諸佛雖在不同的時空，彼此都互不妨礙，且遍於十方虛空。因此，在我們這個世界，若念阿彌陀佛，阿彌陀佛便跟我們在一起，若念藥師佛，藥師

佛便跟我們一起，若念十方一切佛，他們都會跟我們一起。

「法」是指佛所說的成佛的方法和道理。只要我們依著佛說的法門如法修行，人人均能成佛。

「僧」是指住持、修行佛法的專職人員和團體。出家的僧團便是代表三寶來傳播佛法。

我們不能在完全了解佛法之後才去接受相信，只要在知道佛法的基本原則是可以認同之時，便當皈信三寶了，然後再慢慢去學習、了解、依法修行。

（二）以感應為經驗

我們念佛、誦經、拜懺、持咒等，無非是希望達到某些感應的目的。許多人發生重大而無法解決的問題時，我都建議他們多行善積福，多念佛，多念觀世音菩薩聖號，或是持《心經》及〈大悲咒〉等等，他們往往能因此而得到感應，化問題及困難於無形。

這是無道理可說，無法用科學方法求證的，乃是以宗教的信心和修持的功德所得之結果。

（三）依善惡為標準

一般人都相信種善因得善果，種惡因得惡果。但有些人一生造善業，卻未必得善報，反之，有些人一生做盡壞事，也未必得惡報，此乃涉及三世因果之故。因此，做為一個佛教徒，必須信有過去世，也有未來世的。就好比今天做工沒拿到工資，明天做工，也未拿到工資，直到月底結算，才領得薪資一樣的道理。

二、佛教是正信，不是迷信

（一）什麼是正信和迷信

1.迷信的宗教不講因果：臺灣曾有許多迷於大家樂及六合彩的人，向神明求明牌許願，如中彩即還願感謝，若不中便殘害神像洩憤，以至於許多土地公被丟到河裡，成了水流公。這種自己不努力，只想不勞而獲的思想行為是違背因果律的。

2.迷信的宗教違反道德：有些人為非作歹，認為只要懺悔，罪便可消，因此一面說壞話、做惡事，一面求懺悔、求保佑，那不是真懺悔，也不會獲得善神的庇佑，因那是違反道德、逃避責任的行為。

任何善神及佛菩薩，均不會包庇犯了罪惡而又無心悔改的人。造了惡業，應當懺悔，懺除前愆，並立誓重新做人，才會獲得護法善神及諸佛菩薩的從旁協助，達成滅罪消災的目的。

不過，也有將功贖罪的情況，例如：浪子回頭，在造了許多惡業之後，忽然遇到因緣，皈依三寶，去惡從善，那就等於放下屠刀，回頭是岸。徹底悔過自新，不斷修善積德，原先所造惡業，也有可能會變成重罪輕報。

3.迷信的宗教違反情理：常有以宗教為名的人士，要求前去膜拜的人，奉獻大量的金錢，便保證為之消災、祈福、求財、求壽、治病。此等用金錢來賄賂神明的交易，其效果是很值得懷疑的。一般人說「得人錢財、為人消災」，那些宗教人士是憑什麼力量為人消災呢？究竟是神要錢財，還是操作神明的人士要錢財呢？

正信的佛教，主張信佛的人，當親自來修行效果最好。比如說有人害了癌症，我會建議他們放寬心懷，持誦〈準提神咒〉十萬遍、二十萬遍、三十萬遍，持之以恆，必會有感應。或者家屬親友幫著持誦，也是有若干效果。常言「自己吃飯自己飽，個人修行個人了」，才合情理。

般若波羅蜜多心經

觀自在菩薩行深般若波羅蜜多時照見五蘊皆空度一切苦厄舍利子色不異空空不異色色即是空空即是色受想行識亦復如是舍利子是諸法空相不生不滅不垢不淨不增不減是故空中無色無受想行識無眼耳鼻舌身意無色聲香味觸法無眼界乃至無意識界無無明亦無無明盡乃至無老死亦無老死盡無苦集滅道無智亦無得以無所得故菩提薩埵依般若波羅蜜多故心無罣礙無罣礙故無有恐怖遠離顛倒夢想究竟涅槃三世諸佛依般若波羅蜜多故得阿耨多羅三藐三菩提故知般若波羅蜜多是大神咒是大明咒是無上咒是無等等咒能除一切苦真實不虛故說般若波羅蜜多咒即說咒曰揭諦揭諦波羅揭諦波羅僧揭諦菩提薩婆訶

永根沐手敬繪

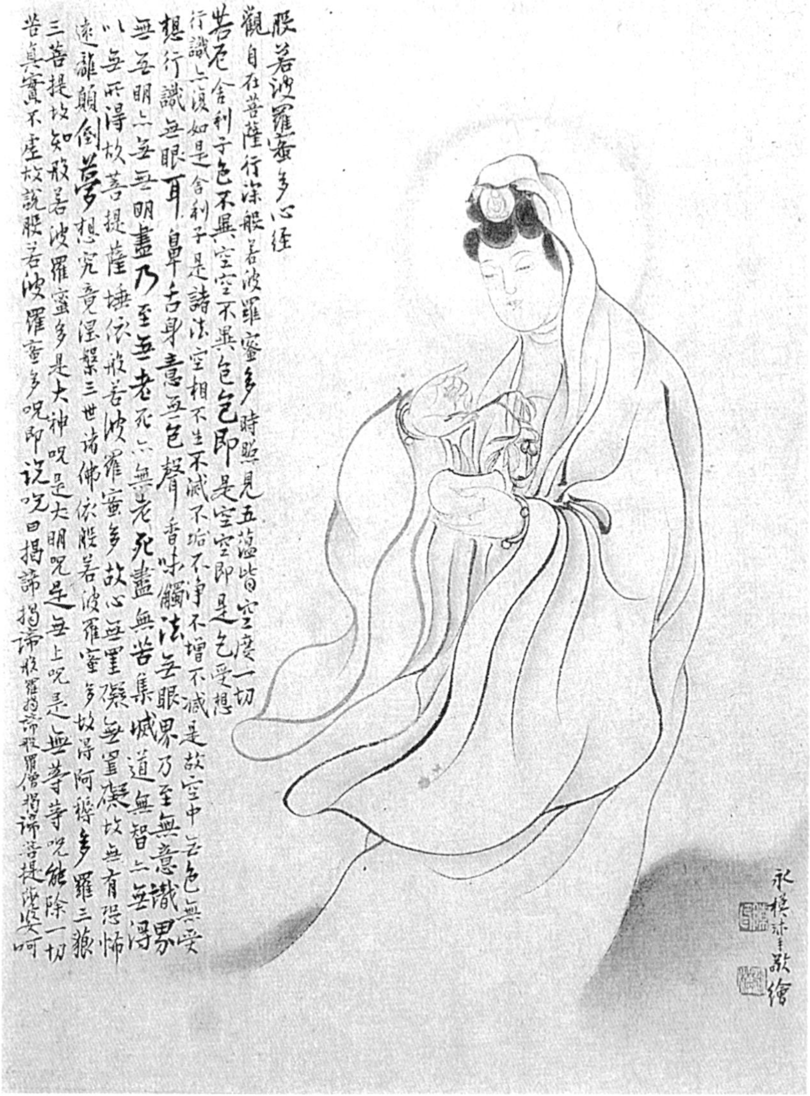

（二）正信的佛教必具永恆性、普遍性、必然性

許多宗教，許多道理，只能在某一時段的某一地域受人信仰、受人重視，一旦換了地方，過了時日，便煙消雲散，被人遺忘了。

佛教則不然，自從二千五百數十年前的釋迦牟尼佛創教開始，直到現在，仍能普遍地受到九億多人口的信仰和皈敬，那表示佛教是有持久性的。

人人所熟悉的觀世音菩薩，並不是出生於地球上的歷史人物，乃是釋迦牟尼佛在佛經中介紹給我們的，是一位「千處祈求千處應」的大菩薩。宣揚彌陀淨土的經典中說觀音菩薩是西方三聖之一，似乎必然是在西方極樂世界了。實則，觀音菩薩是不受國界及時間限制的，他是遍於時空而又不占時空的存在。

不論何處何時，只要有人持誦觀音菩薩聖號，修行觀音菩薩法門，必定獲得觀音菩薩的慈悲感應。這從信仰的立場來看，就是永久性、普遍性和必然性的宗教功能。

若從理論的立足點上來看，佛法的基本思想是「緣生性空」，也就是《心經》開頭所說的「照見五蘊皆空」的「空」字，是指宇宙人生無非由於五蘊的因緣假合，若見其性本空，便得解脫自在。這個空是不離有的，本性固然空，現象

還是有，若悟即有即空，便得無礙自在。

就如今天這座講堂，原是空的，現在則坐滿了一千多人聽聖嚴演講，等演講結束，我和聽眾離開散光，便又空了。所以唯有空，才是真有用。

可知「有」是暫時變動的，不是永恆不變的，只有空性才能永恆不變。能悟見空性，即能實證無相無我而不執著，隨時隨地靈活運用。這個空有關係的道理，在任何時空裡都是不變的，因此佛法的基本思想，亦是具有其永久性、普遍性和必然性的。

(三) 正統的佛教須具備三項要素

1. 創始的教主——釋迦牟尼佛。
2. 所依的教理——經、律、論三藏。
3. 住持佛法的僧團——出家的比丘及比丘尼眾。

此三項要素，即是前面提及的佛、法、僧三寶。若有人不信仰上舉的佛、法、僧三寶或否定佛、法、僧三寶，雖其自稱佛教，那必不是正統的佛教，而是異質化了的附佛法外道。今天的學術界稱他們為新興宗教，或民間宗教，他們有權自立門戶，正統的佛教徒也有權不認同他們是佛教。

（四）正信的佛法必須符合三法印的原則——諸行無常、諸法無我、涅槃寂靜

1.諸行無常：我們的物質環境，不能超出成、住、壞、空，我們的肉體生理，不能離開生、老、病、死，我們的心理活動，念念都在生、住、異、滅，均非永恆現象，所以叫作無常。因此，我們常把身心世界，當作自我的「能、所」來執著與認定，其實是一種幻覺，是一種假相，不是真實。

2.諸法無我：一切現象，不論是心理的、生理的或是物質環境的，無一不是在不停地變化中，我們無法掌握住任何一項事物或境界，使之真正地屬於「我」及「我所」。

3.涅槃寂靜：由於一切的人、事、物，都是不斷地在生滅變化中，我們對於在起起滅滅中的一切現象起執著、起分別，便產生了煩惱、痛苦，甚而流轉於生死之中，不得解脫。如能對外在的生滅幻相不起分別，不生染著，返觀自性是空，斷盡一切煩惱，便可解脫生死，處於不生不滅之境，就叫涅槃寂靜。

凡夫不可能進入涅槃，但應當知道無常、無我、寂靜，是佛法的原則。

三、佛教是淨化人間的宗教

除了晚期印度大乘佛教的密宗，供奉的一些護法神像比較特殊之外，顯教的諸佛菩薩聖像，均是呈現人間相，且依經典記載，三世諸佛也都是以人間身在人間成佛。

諸佛菩薩教化的對象主要是人。在各部佛經裡，佛陀說法時，請法、聽法的主要常隨眾，也是人間身的僧俗弟子，只有護持佛法的龍天眾不是人形，而修行佛法也以在人間最適合。在六道中，天上的眾生太有福報，不易起精進心修行佛法，在畜生道、地獄道、餓鬼道之眾生，則太痛苦，更不易修行佛法，唯有人世間是苦樂參半，懂得要離苦得樂，知道要修學佛法。

四、人成即佛成便是佛教

（一）廣度眾生先度人

我們常見「芸芸眾生」一詞是指許多的人。其實眾生可分有情與無情，有情眾生則可引用印順法師所著的《佛法概論》第三章第一節所說予以理解：「梵語

『薩埵』，譯為有情。情，古人解說為情愛或情識；有情愛或有情識的，即有精神活動者，與世俗所說的動物相近。」這就是有情眾生。其他的植物及礦物，則是無情眾生。

我將動物大約分為四類：1.僅有細胞組織；2.有細胞也有神經組織；3.有細胞、有神經組織，也有記憶能力；4.有細胞、有神經組織、有記憶能力，更有思想能力。只有人類具備此最高等的四種條件，也只有人類才具有情愛、情識及精神活動。

佛經中所說的有情眾生，主要說的也是人，因此我們所謂的廣度眾生，主要的對象便是人，先度人。

（二）成佛必先成人

所謂「成人」是成的人的身體和人的品德。佛說人身難得，只有人的身心適合修行佛法，故人身是非常寶貴的。《心經》中說「五蘊皆空」，五蘊還有其他的名詞，如十八界及十二因緣等等。綜合起來便是五蘊，分析起來，從時間上分叫十二因緣，從空間上分叫作十八界。除了人之外，其他眾生，均不具備十八界、十二因緣之條件。

人的品德，指的是佛教的核心思想：斷一切惡，修一切善，利益一切眾生，此即是涵蓋一切菩薩行的三聚淨戒。

一般動物只會照顧同類，不會擴及異類，甚而同類相殘互食。只有人類才能分辨善惡，為善者有慈憫心，除了關懷人類之外，還能愛護其他一切有生命之動物，此乃基於佛法所說眾生平等的觀點。雖然人類之中也有剛強難化的人，可是比起其他類別的眾生，又較容易理解佛法和修行佛法了。

因此，若能先把「人」做好，就能進一步來觀照原本具足的「佛性」，明心見性，解脫成佛。

五、如何提昇人的品質

如何達到「提昇人的品質，建設人間淨土」的目標呢？我們要以教育來達到關懷的目的，並以關懷來成就教育的功能。用慈悲心來關懷他人，乃至遍及於一切眾生；用智慧心來觀照自我，乃至微細的一個念頭。

一個懂得關懷他人的人，必是勤懇、負責、勇於將自己奉獻出來的人。為了關懷他人，必然知所努力，從自身做起，先使自己的身心，保持健康快樂，才有能力設身處地為他人著想，為眾生解困救急。

懂得關懷他人的人，較能使自己少欲知足而不起瞋心，促成和諧的人際關係，帶來和樂的家庭環境。這就是從慈悲心出發，產生了智慧，自利也利他。

只要信仰三寶，用佛法自助助人，必能提昇自己的人品，亦能影響到社會的淨化。倘若人人均能如此努力，人間淨土的到來，便指日可待了！

（一九九三年八月七日講於花蓮市明義國小禮堂，蘇麗美居士整理）

積極的人生觀

一、出世不是逃避

今天的世人，往往誤以激進的拚鬥為積極，因而為個人製造不安，也為我們共同生活的環境帶來困擾。許多人認為，人們信佛便是消極；許多佛教徒的言行，也給人家有消極的印象。因此常聽人說：佛教是出世的，是逃避現實的。其實，出世並不錯，逃避則未當。佛教的本質是積極的，至於消極的形象，純粹是由於社會環境及錯誤的認識所造成。

佛陀的明訓，會為我們的環境帶來安寧；佛教的理念，能為我們的社會帶來祥和；佛法的實踐，必使我們的身心獲得平衡。信仰佛教的菩薩行者，定是最為積極的人。

二、人生觀的意義

何謂人生？人的生命、生活、生存即是人生；人的生命現象以及人的生活環境，不同於其他動物，故稱人生。

其他的動物，雖也有生命，卻沒有人類的倫理道德，也缺乏人類在彼此之間的責任感與義務心。人與人之間所遵守的軌則即是「道」；由於行道而獲之心得即是「道德」。若不能遵守人與人之間的倫常關係，不盡人之本分、責任、義務，便是沒有道德，也不能稱為合格的人生。

人的生活環境，除了共同的物質世界之外，也與其他的生物迥異，人類的生活環境中，有教育、文化、藝術、宗教、思想等的設施。

（一）教育：包括家庭的、學校的、民族的、社會的。生而為人，一定能享受到教育的環境，即使是不曾受過正規學校教育的文盲，也不能說他是沒受過教育的，因為，他仍受到家庭教育、社會風尚、民族觀念、倫理思想的熏陶。

（二）文化：是指我們的服裝、禮節、風俗習慣、語言、法律、科學等人類社會由野蠻到文明演進的成果，它是由人類智慧創造出來的財產。人是文化的動物，不可能離開文化而仍被稱為人類。

（三）藝術：能夠知道如何將自然界的物質，改造成更為實用優美，更為賞心悅目，則歸功於人類與生俱來的藝術天性，即使是很小的幼童，尚未入學，卻執筆便會塗鴉，可見人的生命是沐浴在藝術的環境中的。

（四）宗教：在生命的過程中，人們難免會面臨某些自己的力量所不能完成的目的或無法了解的道理，因而有了宗教的需求，相信除了我們人之外，尚有不可知的神鬼或靈界的力量，可以幫助我們解決問題，甚至連唯物論者亦不例外。例如：毛澤東雖不相信釋迦牟尼佛，也不相信上帝，卻相信他的思想、權力、謀略，並突出他的權威性，而利用這些來達成統治的目的，因他自己就是教主，故這亦是宗教的一型。因此，人類生活的環境中，應運衍生的宗教，不勝枚舉。

（五）思想：人在生命過程中，遇到了生活上的難題時，彼此互相情商，各抒見解，即是思想的基本型態，這也是人類之外其他動物所不可能有的特色。

因此，能得人身，生活在這教育、文化、藝術、宗教、思想的環境中，真是太幸運了！切莫因為不受重視，而以螻蟻自居，應該要好好地享受這豐富的人生環境，善予珍惜，善加利用。

然而，人究竟為何而生存？生命的價值究竟何在？又何處是人生的歸宿呢？人在一帆風順、平步青雲、受人器重時，通常不太會考慮這些問題，當在孤單、失意或面臨許多困擾挫折時，則難免茫然。

以佛法的觀點而言，苦樂、貧富、貴賤、榮辱的心路歷程，即是人類生存的目的；止惡修善、自利利他的生活方式，便是生命的價值；除了選定目標，努力以赴，人生別無歸宿。

苦與樂、貧與富、貴與賤、榮與辱，都是相對的。苦過，不一定有樂；有樂，一定曾經苦過；樂過，可能即是苦來。貧富、貴賤、榮辱亦然。

我有位在家弟子，太太是既漂亮又能幹。我讚道：「你真幸福，太太好漂亮，又很能幹。」他說：「師父，這叫苦盡甘來！我能追到這太太，花多少年的工夫，好苦哦！」我說：「真正的苦，只怕還在後頭呢！」他說：「我知道，苦中作樂，苦樂無常。」

另有一位在家弟子，他的父親是大企業家，將整個企業交給了他。我問：「你真幸運，生而富貴，現在又繼承了產業，從來不知有窮的滋味，對不對？」他說：「師父，您錯了，我也是窮過來、苦過來的！」原來，他的父親，因為怕他長大之後，不知道窮的滋味而蕩盡家產，所以從小開始，就限制他用錢，訓練他自給自足，讀書時，照樣打工，而且把他送給人家管，不在自己的公司裡上班。

事實上，貧與富的本身，也沒有一定的標準，當今的大企業家們，往往是轎車、洋房、排場堂皇，但是也有一些空心大老倌，只是拿群眾的錢做生意。

人類生存在這世界上，不管所追求的是富、貴、榮、樂，必有其背後相反的經驗存在，而這些正負經驗的心路歷程本身，即是人類生存的目的。

至於生命的價值，則在於止惡修善、自利利他。予人方便，滿足他人需要者為善；僅對自己有利，而對他人不利者是惡。做任何事，若僅有利於己而無益於人，終將後悔，甚至遺憾終生。唯有能夠與人為善，才有永不褪色的安慰。

最近有一次，有位老先生來見我，他說：「這一生之中，最值得安慰的是，我有位學生當了某大企業的總經理，而且，在當了總經理之後，還來看過我一次，他說，因為我在教中學時，我對他還不錯。」那麼，如果自己的學生之中沒有人當大企業的總經理，是否便是白教書了呢？正在教書時，又怎知道學生之中，有沒有人將來會當大企業的總經理呢？其實，不一定要當總經理，只要尚有幾個學生，還能飲水思源，不做壞事，還算能夠有益於社會，那你應該也覺得很安慰了。

所以，人生只要努力，就是目的，雖然辛苦，還是值得。人生何處是歸宿呢？紐約市由東河（East River）及哈德遜河（Hudson River）東西環抱。不論你是站在哪條河的岸上，舀出一瓢水，你知道這瓢水，來自何處，又將歸往何方嗎？即或你清楚面前這條河，是源自何處，流向何方，可是，眼前的這瓢水，在其流程中，承受的因素極多，的確無法斷言其來自何處，將往何方，但卻必有其來去之所。

人，在這一生的時間中，也像面前的河水一樣，雖不知其何來何往，然必有其來處與歸宿。這世間，凡事凡物，一切現象之發生，皆有其原因，雖有很多現象不知其原因，並不表示沒有原因，既有原因，有許多事，雖似不合理，也即是道理。

佛法相信因果法則，因果的道理又是錯綜複雜、不可思議，所以，我們的未來，由於因緣的起滅、因緣的變化根本不得而知，除了選定自己願意信賴的目標，利己利人地努力以赴，實在別無歸宿。

三、何謂積極的人生觀

何謂積極？時時地生活於現在，既不將生命的時光，浪費在對於過去的驕傲與悔恨，也不將寶貴的生命，消磨在對於未來的幻想與憂慮，即是積極。

許多的人，成功時很驕傲，失敗時很後悔，這都是我們努力前進的絆腳石。成功就是成功，當然有自己努力的因素在內，但還有賴於天時、地利、人和等社會因素，與自然因素的配合。遭遇失敗其情況亦同，往往不是以個人的力量可以決定的事。

我有一位信徒，非常地能幹、聰明，而且積極進取，誠然是大企業家的資質，也著實替他服務過的幾家公司賺了很多的錢，因此，他常常心有不甘，終於出來獨立創業。可是，每次總是運作不久就垮台了。幾番起伏之後，認為命運弄人，而求教於我，看有什麼辦法。我說：「所謂命運，即是自己過去帶來的善根福德，不能強求，你別看你過去的那幾個老闆好像傻傻的、無能的樣子，但是他卻能用到你這樣的聰明人。你做老闆時，就用不到像你這樣的人，對不對？」他答：「是哦！」

可見，成功與失敗，是由許多因素配合而成，並不值得驕傲或悔恨。

這世間，有不少的人常做美夢，憧憬未來，一樁樁不斷的計畫，一件件不停的構想，最後皆因缺乏毅力、信心，不諳方法，而成海市蜃樓、空花泡影。同樣地，也有許多的人，因對自己、對未來缺少信心而杞人憂天，疑懼未來，徒增困擾。不論是思前或想後，皆無非是不切實際地虛耗生命。現在，就是現在，應該趕快地努力於現在！

前天，有位青年到東初禪寺來見我，提起他目前找到了兩份工作，一份是全職，可是他並不挺滿意，另一份是他喜歡的，目前只是半職，將來可能變成全職。他正猶豫不決，怕失去了將來的機會。我則勸他騎驢找馬，而且好好地騎，以免落得在路上走，連驢也沒有。

這就是一個信佛的人的態度，凡事在檢討得失與確定目標之後，全心、全力、全生命地投入於每時、每分、每秒的現在，做你應做的事。

至於如何地積極？首先應念念想到利人就是利己，便會積極。許多的人只管自掃門前雪，以自己的利益為最重要，其實，那是最傻的。

佛經中有個寓言，說有一條蛇，蛇頭與蛇尾互爭前後，計較勤惰。蛇頭說：

「我好辛苦哦！吃了東西，結果通通歸你享受，走起路來，在前面拖著你，你這尾巴，真是太麻煩了！」蛇尾道：「我最倒楣了，出門時，人家都看不到我，只看到你，沒有我在後邊死命地推著你走，你走得動嗎？說到吃的，你專門享受美食，倒楣的是我，髒的、臭的，全歸我來處理！」

我們人的身體，不也一樣嗎？雖分五臟、六腑、四肢、五官，每一個部分，都有它自己獨立的功能存在，卻皆屬於同一個人，少掉一樣，就不健康了。一個家庭之中，雖有父母、子女、夫妻、兄弟、姊妹，個個不同，但是，所謂家庭，就是由於有了這些人集合在一起生活，是共同的一個組織體，所以稱為家庭。現代的社會、國家，雖有各行各業、不同階層、不同組織體系的團體，可是都是生活在同一個環境、同一個國度裡，彼此無法分割。勿使城門失火，池魚遭殃；必須唇齒相依，守望相助。

例如：最近美國西岸的洛杉磯黑人暴動，東岸的紐約，便迅速地受到感染，雖未成患，但亦耗損大批防範資源，洛城之鎮暴與重建，所耗國帑，亦必來自全美納稅人的負擔。

如今的世界，由於資訊的發達，交通的便捷，全世界的人，宛若生活在同一個鄉村中，故被稱為地球村。因此，必須要有休戚相關、唇亡齒寒、息息相通的認識。

古人說：「人不為己，天誅地滅。」今天的我們應說：「人不為人，天誅地滅。」損人者必自損，害人者必自害，舉凡某一地區環境的汙染、經濟的惡化、政治的混亂、社會風氣的敗壞，每每立竿見影，全人類的生活安全，很快地就受到影響。

因此，今天的我們，做任何事，首先要為全體的他人著想。所謂全體，在家裡指整個家庭，在社會指整個社會，在國家指整個國家。全體受益的話，個人身居其中，必然受益。做生意時，必先考慮也讓他人賺錢；交朋友時，先應想到我能對他有什麼益處？如此，則保證你會被視為是一位活菩薩。

四、菩薩最積極

信仰佛教的人，可分三等：

第一種人，燒香祈願，求神拜佛，只為消災免難、富貴平安、萬事順利，但是並不了解，神與佛為何要平白地幫助他們、保佑他們。猶如將神與佛，當成地方賢達、土豪劣紳，若想在地方上出人頭地、平安無事，便得拜謁送禮，以期他們高抬貴手、打點照應一番。那樣還能算是神明與佛嗎？

第二種人，信仰佛教，是為了修學佛法，出離三界煩惱生死之苦，獲得無礙自在的解脫之樂；縱然不能得到解脫，也必由於修行三皈、五戒、十善的功德，來生得生天上或人間的富貴之家，享受福報。這種人，已經認識佛法，知道修行，了解三界（這世間）不是可靠安全之地，所以希望能往生佛國淨土，因此，皈依佛、法、僧三寶，信仰佛教，並以不殺生、不偷盜、不邪淫、不妄語、不飲酒、不用麻醉品、不說無聊話（不綺語）、不罵人（不惡口）、不挑撥是非（不兩舌）、不貪心、不瞋恚，並且深信善有善報、惡有惡報的因果觀念，做為生活的準繩。

第三種人，知道佛法的真義是以無我的空觀為基礎，以慈悲救世的菩薩道為方法，達成成佛的目的，那就稱為發阿耨多羅三藐三菩提心，簡稱發菩提心。「空」義難懂，係指這世間的所有現象，都是無常的，不斷地在遷移、變化，沒有一個永恆不變的實體，故稱為「空」。既然所有的現象皆是空，是否就該不問不聞了呢？不！由於尚有許多人不明空義，因此而在巧取豪奪、你爭我鬥、不斷地製造是非，我們要積極地去協助那些人，也能了解世間是無常的、是空的。釋迦牟尼佛的例子，便是最好的榜樣，他看到世界上的眾生太苦而發願成佛，成佛之後，便來廣度眾生。

以上三種佛教徒中，唯有第三種人，堪稱是學佛的人。學佛，始能成佛，成佛要從修行菩薩道做起。菩薩道的完成，就是佛道的完成。換言之，菩薩道是一個過程，而佛道才是結果。

《妙法蓮華經》卷四〈提婆達多品〉第十二說：「於無量劫，難行苦行，積功累德，求菩提道，未曾止息。觀三千大千世界，乃至無有如芥子許非是菩薩捨身命處。為眾生故，然後乃得成菩提道。」這便是菩薩行的寫照。菩薩行，又名菩薩道，是以利他為方法，以成佛為目的。利他是基於慈悲，慈悲就是憐憫眾生受種種苦，雖然畏苦、怨苦、恨苦，而又不知如何離苦，菩薩便以利他做為自利，首先奉獻自己，最後成就自己。唯有最徹底、無條件、無休止地奉獻出自己，方能成就大悲無我的佛果。所以菩薩是積極的人生之中，最積極的榜樣。

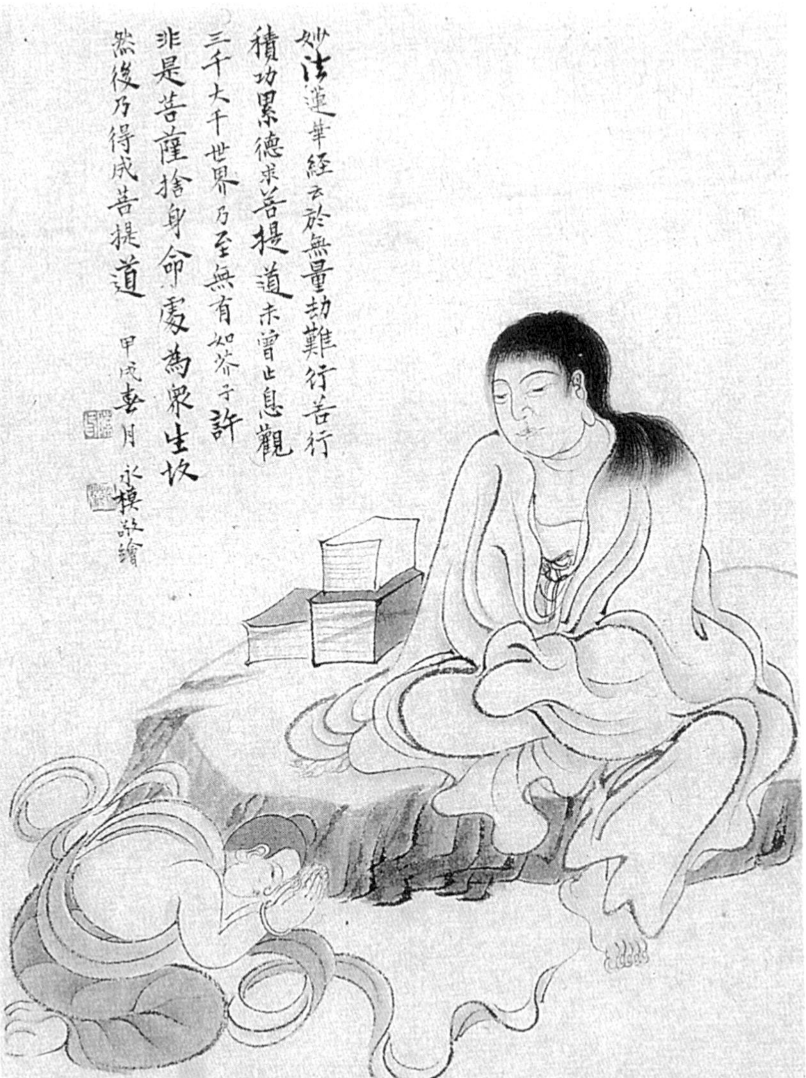
妙法蓮華經云於無量劫難行苦行
積功累德求菩提道未曾止息觀
三千大千世界乃至無有如芥子許
非是菩薩捨身命處為眾生故
然後乃得成菩提道
甲戌春月 永模敬繪

五、積極的四個原則

（一）積極在於付出

如果僅僅為了私利的爭取而積極努力，因緣不成熟時，便會造成怨恨、嫉妒、失望；因緣成熟時，又會造成驕慢、自大、自滿。由於跟你自己的利害有關，任何煩惱都會發生，煩惱產生之後，首先受害的是你自己，接著跟你自己有關的人，亦連帶遭殃。

若是為利他的付出而積極努力，付出的本身就是目的，盡心盡力，全力以赴。個人的生命有限，而眾生的苦難無窮，故有菩薩誓願「眾生無邊誓願度」，而眾生的苦難，出於物質的貧乏者固多，出於心理的困擾者更多，故又有「煩惱無盡誓願斷」的誓願，以什麼來度眾生？拿什麼來斷煩惱呢？於是又有「法門無量誓願學」的誓願，而這三種誓願的最後目標，則是「佛道無上誓願成」。依此〈四弘誓願〉，不僅在一生之中努力，生生世世皆要努力，不到成佛，絕不中止，所以是積極的。

（二）積極在於行善

利人而又能自利的事，應當趕快地做、多做、不斷地做；雖無私利，也無近利，卻有公利、遠利的事，也應當趕快地做、多多地做、不斷地做；從近處看，雖是自私自利，遠處看則是利他的公益，更應當勤勉地做、多多地做、不斷地做；僅為個人有利或少數人的利益，卻要付出多數人的以及長久性的損失者，便不應做。

行善可用財物，可用身、口，也可用心。自做，教他做，或見到他人做時心生歡喜，即所謂「見做隨喜」。善有大小，善中之善，則是以佛法化世，提供佛法之原則、方法，指導人生的方針，此即是最好的布施。故《菩薩藏經》中說：「我悉隨喜……現以法施，充足眾生，饒益眾生，安隱眾生，慈悲世間。」

（三）積極在於忍耐

偉大的事業，無一不是從失敗的經驗中獲得成功；成功的要訣，在於百折不撓、愈挫愈奮的毅力與耐力。

對於一位修行菩薩道的人而言，必須感謝善意協助的人，也要感謝惡意打擊的人。因為，順利的因緣，使你事半功倍，走得更快；逆境的因緣，使你鍛鍊得更堅強。所謂毅力、耐力，即是佛法中的忍辱波羅蜜，是修行菩薩道中，極難修的一種，就菩薩而言，沒有一樣事，不是成就菩薩道業的增上緣，還有什麼事是不可忍受的呢？

(四) 積極在於安定

人生要在繁亂之中求安定，身心安定，即有安全；身心平安，即是幸福。在幸福時，不忘他人，能為他人謀福利，才是真正地積極。

人生要在絕望之時能安心。東南西北皆我舍宅，天地萬物與我同根，還有什麼不能安心的呢？只要一息尚存，沒有什麼使你絕望的事。今日播種，他日收穫；今生結緣，他生成熟。有些人，對於自己做的事失望，對所栽培的人失望，其實沒有必要，做事即是做事，栽培人的那樁事即是目的，不要失望，眾生有盡，我願無窮，這是菩薩的精神。把心量擴大到無限，將目標設定在佛道，還有什麼不能安心的呢？兵家有「絕處逢生」之說，禪宗有「大死大活」之論，都是安定身心的好方法。

人生要在身心的安定中求進步，在進步中求充實，在充實中知謙虛，在謙虛中接納異己。許多人，充實之後，不知道謙虛，亦不能接納異己，故也不能真正地充實，有容乃大，能包容人，才是真正地積極。

自己的身心安定，始能安定他人；唯有能夠安置眾生，努力於自安安人的人，才算是真正積極的人。

（一九九二年六月六日講於美國紐約華埠的中華公所，陳果綱居士整理）

現代佛教與生活

一、現代人的生活

現代的人，生活非常地緊張，非常地忙碌。但是，多半的人，不知道為什麼這麼緊張？為什麼這麼忙碌？現在的人，感到空間的距離愈來愈小，而人與人之間的距離卻愈來愈遠。對於時間的感覺亦是相同，因為接收到的訊息太多，想要追求的東西也太多，所以身心愈來愈忙，時間愈來愈不夠用。但是究竟為了什麼，卻不知道！

大家都希望有獨立的自我，但是，並不了解「自我」究竟是什麼。很多人希望別人尊重自己，但卻不知道如何尊重其他的人；希望環境能給自己更多的幸運，可是不知道自己是否也應該對這個環境負多少責任或貢獻一些什麼。而最大的問題，不知道人究竟是為了什麼活在世間，也不清楚個人的終極目標在何處，更不知道應該怎麼認定方向照著去做才對！因此現代人的殺手：心臟病、高血壓、癌症、愛滋病、麻醉品等相率活潑起來。

這些，都是現代人的問題。如何解決這些問題？物質的改善、心靈的調理，許多學說，許多方法，便應運而生，但卻無濟於事。因此有些人主張，二十一世紀更需要宗教。我今晚從佛教的立場，為諸位提供一些意見，看看是不是能夠有助於這些問題的解決。

佛教於已往的二千五百多年間，發源於印度，傳至中國、韓國、日本、西藏，以及印度南方的錫蘭、緬甸、泰國等地。釋迦牟尼佛的出現，即在解決人類的問題，救濟人類在生活及生命中所感受到的煩惱及痛苦。

二、清淨的生活

釋迦牟尼佛告訴我們，消除煩惱、解脫痛苦的最好辦法，是不做對自己身心、家庭、社會有不良影響的事，戒除危害身心及社會的殺、盜、淫、妄、酒及麻醉品等不良行為，同時對於自己的身心、家庭、社會有益的事，應盡量積極地去常做、多做。

據說，貴地亞特蘭大（Atlanta）被美稱為「聖經帶」（Bible belt），宗教信仰穩固，所以這裡應該是沒有犯罪或用麻藥的人了，因為《聖經》也是勸導人們止惡行善的，對不對？（大家搖頭）為什麼事實不是如此呢？這就說明了，不管是任何地方，雖然有很好的宗教，但是沒有辦法使得人人做到不應該做的事不做，應該做的事一定做。因此，釋迦牟尼佛的佛法裡，便提供了方法，使我們了解自己、主宰自己，並且由淨化個人自己做起。

三、智慧的觀照

佛教的智慧是指沒有自我中心的智識。自我主觀意識的判斷愈少，智慧便愈多。它可以從清淨的生活中產生，也可以從精進的禪修中獲得。最基本的要求是：以分析的方法認識自己和這個世界的同時，也要親身積極地如法修行。

所謂分析的方法，若根據最基本的佛學說明，是指「無常」和「因果」的世界觀。無常是一個事實，它是一直在變動的假相，可是現象是存在的，並不是沒有，所以因果的現象是有的，永恆的實相是空的。

有一次，在紐約，我向一位抱著剛出世不久的男嬰來見我的弟子道喜，她說：「這只是證明我生了一個無常，他不會永遠是嬰孩，要長大、成年、變老，最後終將離開人間。」這位弟子口上這麼說，是因剛聽了我的課。在她的內心中，孩子就是骨肉，豈能見到無常！

當我們遇到困難或不痛快的情況發生時，如果也能體會到一切是無常的，那麼，不愉快的事很快就會過去了，這是從分析來減少我們自己對於這個世界以及人生的許多煩惱和困擾。但是，它的實際效益如何呢？少數人可以用這方法去開解自己，幫助他人；多數的人卻只能用於助人而拙於助己。在聽過這觀念的學生中，有人說：「師父，所謂無常，實際上就是講存在是假的，存在是一種虛妄。其他的人發生問題的時候，可以用這種道理安慰人、勸導人，但是，問題發生在自己身上時，由於無法離開自我中心而把自己纏縛在裡面，便仍然無法開脫。」

我見過許多位已經知道這層道理的年輕人，在愛情觸礁時還是非常痛苦。曾經有位男士求救於我，我說：「她是另外一個人，走了的也許就是不好的。你可以再找一個，也許就是更好的。」他說：「師父，因為您是出家人，您沒有女朋友，所以您才能這樣講！」他又說：「問題是她要離開我，不是我要離開她。如果是我要離開她，可能沒有這麼苦，我不想離開她，所以彷彿被判了死刑一般地痛苦！」我便勸他：「一切都是『因緣』，你只是其中的因素之一，有什麼事一定發生和一定不發生，不是個人的自己能夠控制的，因為除了自己之外，還有其他的人，以及外在複雜多變的環境。」事實上，這世界沒有任何一樣東西，能在因素變化中，而又保持情況不變的。男女之間的愛情也是一樣，並不是自己能夠控制的。

另外，我認識一位做房地產的商人，他很努力，可是他的生意總比不上他的另外一位同行朋友，他也來問我：「為什麼是這樣的情形呢？」我告訴他：「沒有其他原因，那個人應該多賺錢，你是應該少賺錢。」他說：「這不公平！」我告訴他：「也許你不合適做這一行的工作吧！」過一陣子之後，他的生意好起來了，於是他來告訴我：「師父，我並不是不適合做這一門生意的，只是前些時候，生意較差罷了。」我並不知道這是什麼原因，我只知道一切事情都是因緣福德不可思議——主觀的自己，加上客觀的因素，現在的努力，加上過去宿緣及未來的機遇。

後來他告訴我，原來最初他只知道努力而不懂得推銷術，現在他知道如何使得買賣雙方都覺得受益而很歡喜地成交。所以，不論是自己努力的因素或外邊環境的因素，只要有一個改變了，你的情況就隨之而變。如果我們了解這道理，對於生命過程中所發生的任何事，都不應該歡喜或不歡喜，如果得不到的東西，永遠沒有辦法得到，也不必心裡難過。

四、宗教信仰

佛法的修持，可分為「信心」與「禪修」兩個部分。信心，與一般宗教的原理相同；禪修，則有別於其他宗教。

宗教的「信心」，是當我們面臨自己的智能所不能解決的困境時，必須相信另有超自然的力量來幫助我們。在佛教的立場，指的是相信有諸佛菩薩及護法神王。

最近幾年來，我常常遇到一些患有絕症的人，他們非常地悲傷、失望，以為像我這麼老的和尚，一定有什麼不思議的神力，可以幫助他們。其實，我沒有其他好方法，只會告訴他們：第一，不要怕死；第二，不要等死，應該做他想做而能做的利人利己的事；第三，也是最重要的，要深信三寶，發菩提心，要能每天常念佛號、菩薩的名號，或者持咒十萬、二十萬遍。本來有病的人應該去找醫生，現在醫生都不管了，就把生命交給佛、菩薩去，自己不要管它。這些人，多半都會接受我的建議，因此幫了很多的人。可是對某些因緣不具足的人，還是沒有大用，要走的人，到了時間就走了。也有些人已被醫生宣告只剩三個月的壽命，可是直到現在，三年乃至十年都過去了，仍然沒事。

前兩天，我在紐奧良（New Orleans）遇到一位馮太太，她說她的母親卵巢長瘤，醫生說是已經沒有希望，也不必開刀了。馮太太就勸她母親一起念「觀音菩薩」名號。當晚，這位老太太便夢見有位穿白衣的人，拿著淨瓶向她灑水，她很納悶，以為是護士或醫生在向她灑水，就喊道：「不要給我灑水！不要給我灑水！」睡在旁邊的女兒就推問：「誰灑妳水了？」這位老太太醒來之後，肚子痛得不得了，急忙上了洗手間，排出了許多紫色的血水、血塊。第二天，經醫生檢查，發現她的腫瘤竟然不見了！這個女兒，原本不相信觀世音菩薩，只是聽說而姑且一試，沒想到，便得到這樣快速的靈驗。

類似的感應事蹟，其他宗教亦有，不僅《聖經》中有記載，我認識的一位很出名的傳教士，也有過類似的經驗，這都是靠宗教信心的力量。這力量究竟如何產生？不得而知。現代人在生活中，面臨許多自己解決不了的事，用這種方法還是非常管用。可是，這種僅靠信心的方法並非能被所有的現代人接受，因此，我們接著要介紹自我解脫的禪法。

五、禪修方法

禪，在中國叫作 Chan，在日本叫 Zen。正在學禪的人，應該都知道它最基本的方法是「放鬆」和「專心」。通常，在你專心的時候，你的頭腦和身體都是很緊張的，所以當你工作一段時間以後，便會感覺很累而需要休息。可是，禪的修行方法，也要求專注，然在專心用方法的時候，要求把頭腦、肌肉、神經都得放鬆。如何能在放鬆了以後，你的頭腦還能集中，則必須經過訓練了。

當你在練習禪修，你的身體也能真正放鬆時，你的呼吸便會非常平穩，血液循環順暢。人身因其組織機能不通暢、內分泌發生障礙、賀爾蒙失調之時，便會導致各種疾病。如果你的身心能經常處於輕鬆的狀態，許多的病症便能迎刃而解。

禪修方法可分動、靜兩種。動的方法是指在日常生活中用心；靜的方法是指打坐。坐時姿勢務必正確，脊椎挺起，但胸部任運自然，不可作意前突，頭要正，但不可太低或太仰，這樣便能使我們的脊椎神經對內臟產生調整作用。即使不用任何方法鍊心，只要姿勢正確，對身體健康亦非常有益。

前行政院長俞國華先生的夫人曾親自告訴我，當他們夫婦出使參加史瓦濟蘭（Swaziland）總統就職典禮時，儀式從早到晚，非常冗長，由於身為貴賓，坐姿不得不正，俞夫人本患某種慢性病，結果這麼一天坐下來，病就自然好了。所以她對我說：「打坐有什麼妙用並不清楚，但是它可治病。」

這就說明了，坐姿正確，能使我們身體健康。但是，除了正確的姿勢外，心理的放鬆也是很重要的，否則效果恐怕就不顯著了。

六、消融私心．提昇精神

現代人，有許多是缺乏關懷他人的精神，其關鍵就在於太自私了，所以要用修行的方法來消融私心，提昇精神。如何減少自我中心？首先應知自我是什麼。如何認識自我？則有賴於動中的禪修方法了。

在日常生活中，時時刻刻注意自己的心念；從放鬆身心、注意呼吸開始，繼而舉手投足，都知道自己在做什麼。說話時，知道在說什麼，對人有益、無益，了然分明；走路時，步步清楚，知道自己的步伐，自己的方向；吃東西時，不要胡思亂想，而要細細地嚼，認真地嚥；甚至如廁之時，也知道自己在做什麼。念念分明，然後覺知無念，這時候才會最清楚地知道，自我即是無我。

當你在心無雜念的時候，當下只有單純的自我；如果心中尚有任何念頭，都不外乎是環境的現象以及過去、未來的印象，而不是真實的自我。若能再進一步，體會到所有的人、所有外在的環境，和自己是不一不異、融為一體，那便是統一的「大我」顯現，這時你自己會心生歡喜，感覺非常地舒服，愛心亦油然而生。

如能百尺竿頭更進一步，連「大我」亦消融淨化，便是進入「無我」的空性，這就是智慧、解脫、自在。許多人由於不了解「小我」，所以畏懼「無我」。其實，無我是從有我開始的，先體解「小我」，才可以經驗到「大我」，而達到空、無相、無願的「無我」境界。

煩惱的重擔使人感到疲累，皆由於你的自我心不是集中的，所以任何一件事、任何一個人都能影響你，使你失去自己，不知所措，也使自我變成外在境界的奴隸，稱為「心隨境轉」，而不得自主。如果能練習到很清楚地知道「小我」是誰的話，就可以減少被外在環境影響的可能；如果能有「大我」的體驗時，便會對這個世界非常地熱心，積極地去幫助別人而且永遠不會悲觀；如果能進而達到「無我」的境界時，自然會奉獻自己的所有，給一切眾生，結平等法緣。

（一九九一年十一月五日講於美國喬治亞州亞特蘭大市佛教會，陳果綱居士整理）

現代佛教青年應有之人生觀

到慧炬來，是非常值得懷念的事。一九七五年，我剛從日本得到學位，受政府邀請回國，出席第四屆海外學人國建會，也受周宣德長者之邀至慧炬領一筆密勒博士論文獎學金。那筆錢對我非常有用，領了到日本出版我的博士論文，非常值得懷念。從那時候起，十八年來我一直沒有來過慧炬社。我想諸位同學在十八年前尚是孩童，沒有見過我的人一定不少。

這次很榮幸受到鄭振煌居士的邀請，到慧炬來談一談「現代佛教青年應有之人生觀」。如果諸位認為沒有抓到癢處，講完後請同學們提出問題，也請老師們指教。

今天我想跟諸位談的幾個問題是：一、現實和理想，二、感情和理智，三、個人和群體，四、事業和名利，五、菩薩行者的條件。

一、現實和理想

年輕人多半理想多於現實，必須二者調和才好。如果沒有理想，就沒有希望，沒有未來感，也就沒有前瞻性。如果理想太高，那是不切實際，光談理想，可能會處處碰壁而頭破血流，結果常常會覺得懷才不遇。有許多知識分子非常優秀，就是不得志，處處失意，到這個環境，到那個團體，都覺得這個地方不對，那個地方不好，只有他們是最好的，可是任何團體都把他們當成難以相處的人。他們可能是最優秀的，卻英雄無用武之地。是什麼原因呢？那是因為眼光太高，沒有辦法與現實配合，也就是與現實脫節。

學佛的年輕人應該理想與現實兼顧，因為我們現在所受的、所遇的，都是過去所帶來的福報和罪報。所以，如果我們希望改良社會，改變環境，就必須付出努力。不努力而要求環境適合理想，可能得來更多的苦報，結果是苦多於樂，失意多於得意。人家若問在哪裡得意？是處處失意。為什麼？因為眼高手低，不切實際。這點希望諸位年輕的同學們要了解，要記得。

二、感情和理智

感情和理智也是非常難以選擇的。太理性則冷漠不近人情，太感性則沒有原則，人家怎麼說怎麼好，常常變成婆婆媽媽，人家哭你也哭，人家笑你也笑，人家的問題變成你的問題，看到某人有感情問題，本來不是你的問題，一談之下卻變成了你的問題。不知同學們是否發生或發現過這種情形？年輕人常意氣用事，可以為了朋友而兩肋插刀，不管男朋友或女朋友，赴湯蹈火也在所不惜。名譽、生命都重要，但為了感情，兩者皆可拋，這是有問題的。在年輕時必須先把書讀好，先把事業基礎建好，站在佛教徒的立場，付出感情時必須帶著智慧。

六波羅蜜中的般若波羅蜜即智慧度。《心經》說：「行深般若波羅蜜多時，照見五蘊皆空，度一切苦厄。」人若沒有智慧，會一輩子痛苦，人家的問題都變成自己的困擾，自以為很熱情，但到最後卻是最糟糕的人，因為你熱情對人家，人家不一定熱情對你。所以，不論愛情、親情、友情和道情，道情是修行人之間的感情，一定要與理性配合，不與佛法智慧相應者不稱道情，我們在處理任何事情時，都必須以清涼的智慧作依準。特別是自己的問題，更需要以理性來處理；

對他人的問題，則不妨以感性的慈悲來處理。我常說我們要以慈悲來處理他人與我之間的事，以智慧來處理我自己的事。

智慧不是理性，理性可能是智慧，但智慧高於理性。我們要講理智，便是要慈悲和智慧並用，不過兩者兼顧往往是很難的。

昨天有一個人來問我，他是一家公司的總經理，未婚，也還沒有想到要結婚，可是為什麼不結婚又不出家呢？有兩個原因：他的母親需要他，不只是需要他照顧，而且是需要他結婚。這樣子的情形，他問我怎麼辦？我說：「你這樣的人不能出家，要趕快去結婚。」他說他沒有要結婚。我說：「自己沒有要結婚，何必在乎母親要你結婚？」講到這問題，我們都知道釋迦牟尼佛已經結了婚又走掉了，對不對？弘一大師也結了婚又走掉了，對不對？所以我說，他這樣子的人不能出家；也就是說，他的感情比較豐富，以致無法取捨。那麼，出家是不是連媽媽也不要了？沒有這回事！我們出家人更需要孝順父母。我的弟子中就有把媽媽接到農禪寺來孝養的，有現實的例子在那兒。如果父母沒有人養，我們一定要孝養，我們出家人不要父母的財產，但是父母沒人管的時候，出家的兒女一定要把他們請到寺院來孝養。

三、個人和群體

個人一定是在群體的裡邊。現在許多年輕人都放棄、否定或忽略整體，只追求個人的榮譽、名利、事業，只要自己搶得快、爬得高，就算是成功。昨天早上，有一群某工學院的老師來訪問我，提到他們辦公室裡就有這種人，問我該怎麼辦？我問什麼樣的人？他們說那個人對上邊都是：「是！是！是！馬上辦，照辦。」可是對下面，拿到的事全部推給下屬做，做好了，都說是他做的。這樣子，嘉獎、陞官的是他，沒有做好的他馬上就推說：「這件事我已經交代某某人，怎麼弄成這個樣子！」就是說，爭功而諉過。結果他步步高升，左右逢源，而在他左右的同事和部屬，沒有一個不恨他。

他們問我，我們佛教徒遇到這樣的人要怎麼辦？我說第一是考慮離職，你們今天來問我，就是受不了，心裡覺得委屈、不公平。第二就是要忍辱，修六波羅蜜中的忍辱波羅蜜，就要把他當成菩薩來看。我問他們：「在這兩種選擇中，要選哪一種？」他們說：「一時間想不出該怎麼辦？」我說：「你們既然遇到這樣的人，最重要的是不可以也變成這樣的人，這是我們佛教徒的立場。」

做為一個青年人，一定要把個人和群體連在一起，把自己和他人之間相關聯的問題同時考慮。如只考慮自己不考慮他人，這不是佛教徒。如果我們經常這樣子考慮，有時候可能會處處吃虧，你成就人，人家就正好踩在你的頭頂爬上去，好人被人欺，好馬被人騎，看看我們要做哪一種人？

但是佛教徒不做爛好人，佛教徒不做沒有原則的鄉愿。我們不計較、不爭功、不諉過，但是要讓他人知道我們的感受，看他們是不是還要欺負。如果他們還是不斷地欺負，只好讓一讓吧！你能夠轉變他，就轉變他；不能轉變他，那是因為你不是大菩薩，不是已經到了聖位的菩薩，你只是普通人，不要那麼難過，不要想忍辱又忍不住，何必自尋煩惱？學佛本來是為了消煩惱，在這樣環境下，如果煩惱很多，只好遠離。

所以，為團體犧牲，要看看值不值得。有許多佛教徒認為這是業報啦、因果啦，我們只能忍氣吞聲！其實，佛教徒不做忍氣吞聲的人，也不做為所欲為的人，佛教徒要做一個很有智慧心與很有慈悲心的人，這是非常重要的。忍氣吞聲不好，害了自己也害了其他人；為所欲為也不好，會傷害其他人，踩著他人的背往上爬。所以，我們要做一個有理性、有智慧、有悲心的人。

有人問我：「法師您要不要名？要不要利？」我說：「名韁利鎖是我們佛教徒基本的認識，我是出家人不會不知道。若是為了追求虛名而努力，很可能變成沽名釣譽。」為了私欲而追求財利，很可能變成利欲熏心而自害害人，常言：「人為財死，鳥為食亡。」太可憐了。不過如果你做某樣事，對多人有益，對自己有益，但是不能出名，跟名沒有關係，你做不做？我剛才講一個人不能夠離開群體，只要對全體眾生有益的，我們就一定要做。古人有名言：「求名當求萬世名，謀利要謀天下利。」這是世間賢哲所講的話。對學佛的人來講，不能考慮名和利這兩樣東西，否則會產生問題。

四、不求名利・為貢獻而貢獻

可是，有極少數人不求名反而成了名。像虛雲老和尚，我相信他是沒有求名的，像印光大師，我相信他是不會求名的，但是他們都有了名，而且在佛教史上留下了盛名。釋迦牟尼佛，我們相信他也沒有求名，但是直到現在，全世界都知道他的聖名。對於那種水到渠成、實至名歸的名，我們不必推辭，不必虛矯而說：「我不要名。」

名也有用，名就是名氣。有名就可以影響許多人，沒有名的人就不能很快而直接地影響許多其他人。至於名利和事業是不是一定有連帶關係？不一定。有些人是幕後功臣，如：做太太的對丈夫幫助相當多，但出名的卻是丈夫。又如：幕僚們為長官奉獻和提供智慧，但出名的卻是長官。

這些人沒有事業嗎？有！他們的事業就是通過他們長官的大名，來對社會貢獻，對大眾貢獻。釋迦牟尼佛的大弟子或後代的僧俗四眾弟子，在三藏經典裡留下名字的也不多。《阿含經》所提到有名字的出家眾只有幾十個人，在家眾也只有幾十個人。其他的，一講就是千二百五十人，卻未說出他們的姓名，未見姓名的人，並不等於對佛法的弘揚沒有貢獻。至於那些在僧傳中沒有留下名字的祖師高僧們，就不算是大德嗎？就不算是菩薩嗎？所以，我們要為貢獻而貢獻，不是為求名利而貢獻。

菩薩行者有兩個條件：1.利人即利己，2.人成即佛成。菩薩初發心，未度自己先度人，這是大乘菩薩的精神。

我們要努力為人而不為自己。譬如：諸位同學，有的人學做醫生，有的人學做律師，有的人學做會計師，有的人學做工程師，有的人學做教師，在現代的工商業社會裡，醫生、律師、會計師、工程師最受人歡迎，賺的錢也最多，好的教師則容易出名。年輕人發願要做這些行業的從業人員並不是壞事，但一定要想到為什麼要從事這些行業，不能夠僅僅為了錢、為了名、為了將來個人的享受。乃是為了能使更多的人不受法律困擾，所以做律師；現在的時代怪症很多，做醫生是為了要治病救命；現在會計師能夠幫忙人家賺錢、看錢，也替政府管錢，好的會計師非常有用，能夠做財富企畫和診斷，不是專門為有錢人算帳，而是為了整個金融的發展；工程師從硬體方面建設社會；教師從軟體方面培育人才。若以這種觀念利人，便是利己，也自然而然會得到社會的尊敬，那麼名望和利益的獲得，乃是水到渠成。

五、敦倫盡分・人成即佛成

「人成即佛成」是太虛大師講的，他這句話是不錯的，但有許多人尚不清楚它的涵義。這句話是說：我們站在各人的本分，盡到各人的責任和各人的義務。做學生的要盡學生的責任和義務，做老師的要盡老師的責任和義務，做父親的要盡父親的責任和義務，做母親的要盡母親的責任和義務，做兒女的要盡兒女的責任和義務。一個人同時會具有好多不同的身分，譬如：莊南田董事長，在慧炬是董事長，在企業的公司是總經理及老闆，在家裡是父親，也是丈夫，對我來講他是三寶弟子。可知，你對社會的貢獻愈多，你所具備的身分地位和責任義務也愈多、愈重。我們要全心全力做好我們分內應該做的事，盡到我們分內應該盡的義務。

但是許多人只追求權利，卻不盡義務：爸爸有爸爸的權利，丈夫有丈夫的權利，國家公民有公民的權利。諸位，你們具備有多少身分，你們就有多少權利。我們這個時代、這個世間，追求權利的人太多，願意盡責任、盡義務的人卻不多，這是一種很危險、很麻煩的情況。

我們學佛的青年，應該要盡自己的責任，盡自己的義務，盡自己的本分。這就是印光大師說的「敦倫盡分」。有人認為我們出家沒有敦倫也沒有盡分，至少沒有盡到做丈夫、太太的責任，也沒有盡到做兒女的責任。但是出家人有出家人的身分，應盡出家身分的責任，不必有俗人家庭的責任，否則便不是出家人了。佛教要我們盡責任，就是要盡到現在身分能做到的責任。比丘沒有太太，叫他盡什麼丈夫的責任？比丘尼沒有丈夫，盡什麼太太的責任？沒有這個身分就不必盡這個責任。但我們出家人沒有說不盡兒女的責任，若能對一切眾生盡到平等救濟的責任，就是「人成即佛成」的內涵了。

（一九九二年九月二十一日晚上講於慧炬社，《慧炬》月刊三四三期刊載，高鶯鶯居士整理）

人心清淨・環境清淨

這個時代，由於交通工具方便，通訊設備靈活，所以使我們感覺到世界愈來愈小，最麻煩的是個人和自己內心的矛盾也愈來愈強烈，困惑了自己也迷失了自己。那麼，佛法對於我們現在的人類究竟能提供什麼幫助？

一、娑婆有無盡的親切

佛法的觀念，讓我們知道這個世界在宇宙中所占的位置，就像恆河中的一粒沙。當我們感覺到這個世界是如此地渺小，小得像我們自己的身體一樣，甚至於小得像個拿在手上的皮球或彈珠那樣時，就能解除我們的壓迫感。

如果用佛教的修行方法來體驗我們內在的世界，也就是說，進入禪慧的經驗後，就能夠使我們發現不只是外在有無限大的宇宙，我們的內心世界遠比那外在的宇宙更大，而外在的宇宙既然是無限大，內心世界更可以大於無限。修行的方法，會讓我們體驗到內在世界是無限地深、廣、遠、大，實際上是超越於無盡的太虛。

佛法告訴我們，所有一切的眾生，在過去、現在、未來無量的生死之中，彼此都曾經是、也即將是親戚、朋友、兄弟、姊妹，無量的世界中所有的物質都曾經是、也即將是我們自己身體的一部分，從我們的身體變成物質環境，而物質環境又變成了我們的身體。因此佛經上說：「三千大千世界的所有微塵，都曾經是我們的捨生命及受生命處。」這是多麼地親切啊！

如果我們通過修行的經驗，就可以體會到所有的有情、無情，不管是動物、植物或礦物，外在世界和內心世界並沒有分開。我們個人的身心，和所有的人以及一切眾生，都是連在一起，而非孤獨地存在。

所以，當我們能用佛法的觀念和修行的方法，來做為生活的指導以及生活的體驗之後，會使得我們感覺到這個世界是很大的，對世界上所有的人、所有的眾生，會感覺到非常地親密而不是那麼疏遠的。

二、忙是佛的生活

在這個大家都非常忙碌的時代，做為一個修行人是不是也該忙呢？做一個修行佛法的人，也有非常忙的時候，他的感覺是怎麼樣的呢？

二千五百多年前，釋迦牟尼佛住世時，印度的人民都是很悠閒的。可是釋迦牟尼佛跟其他的印度人不大一樣，他的一生，從出生到涅槃為止的八十年間，都是非常地忙碌。年輕的時候，他忙著學習文的、武的、宗教的、哲學的、藝術的……，各方面的學問。接著出家以後，很精進地修行了六年苦行，什麼方法都學，然後成佛。成了佛以後，他更忙了。我們從他遺留下來的經藏、律藏裡，可以看到在他的四十多年之間，為了教化眾生，在恆河兩岸東奔西走，關懷人間，指導徒眾，很少有一天是坐著休息的，可見得「忙」就是佛的生活。

「忙」沒關係，不「煩」就好；「忙」不是問題，「煩」就變成了困惱。面對許多的事情，如果你只管處理而不擔心它的利害得失，就不會有困惱了。

三、內心清淨・環境清淨

我們這個世界的環境是愈來愈麻煩了。呼吸的空氣、所吃的食物、生活的地方，漸漸地愈來愈汙染了，好像我們慢慢地就要生活到垃圾堆裡去一樣，因此，有許多人發起環保的運動。可是，在臺灣某地，最近為了環保，結果製造了更多的環境汙染，甚至為了爭執保護環境而殺了人！

如果從佛法的立場來講，這都是很愚癡的事。這是向心外征服、要求、期望的結果，那只有增加更多的混亂，而不會使得這個世界真正地得到保護。佛法主張我們每一個人應從自己的內心清淨做起，減少貪欲、仇恨、愚癡、傲慢、懷疑。這些心理的問題減少了的話，我們的環境自然而然地就會清淨，自然而然地就會衛生，也自然而然地就能得到保護。

如何達到這樣的目的呢？這要一方面依靠佛法的理論指導，另一方面要以佛法的修行方法，促使我們的心，從煩惱而變成清淨。心清淨，則世界清淨；也唯有內心世界清淨，才能夠真正見到外在環境的清淨。

四、心眼如鏡・歷歷映現

我們從童年開始到老死為止，所見到的人都是凡夫的普通人。普通人之所以稱為普通人，是因為有貪、瞋、懷疑、傲慢、愚癡等的問題。如果能夠反省到：假如我是個聖人的話，那些凡夫的種種問題對我來說，應該都不是問題；正因為我也是個普通的人，所以才會看到別人的問題，那我便能夠原諒別人了。能了解自己也是個凡夫，也會做錯事，也有缺點，就會同病相憐地原諒別人，諒解我們環境裡所見的人都是凡夫、普通人。普通人有普通人的問題是正常的，不討厭他們或怨恨他們，這在佛法裡稱為「慈悲」。佛法指導我們不責備他人，應以同體大悲的慈悲心去諒解他人、關懷他人，同時檢討自己、改善自己。漸漸地，對人、對己都會和平相處，所處的環境也會漸漸地清淨起來。

我們自己若沒有貪心，或減少貪心的話，對於物質的追求和浪費就會盡量減少，製造髒亂的機會也就相對地減少了。如果我們對於他人愈來愈有同情心、諒解心，那麼人與人之間的關係所發生的環境汙染，也會愈來愈少。

因此，只要有一個人修行佛法，這個世界就會增加一分寧靜、安定和清淨。

所以，佛法對於這個世界是太重要了。

佛教並不反對物質生活的需要，但是，也不贊成過分地追求和浪費。佛法的修行並不局限於個人，但是，首先應從自己內心做起，然後影響他人。所以我們在臺灣，正在建設的法鼓山的理念有兩句話：「提昇人的品質，建設人間淨土。」這兩句話就是佛教對現在社會的責任和義務，也是我今天演講的主要內容。

（一九九一年十月十三日講於美國紐約東初禪寺，陳淑梅居士整理）

綠化大地・淨化人間

一、青山綠水今何在

四十多年前，我在上海時，聽過一首《阿里山風雲》的主題曲〈高山青〉，歌裡有兩句歌詞：「高山常青，澗水常藍。」描寫當時臺灣阿里山的風光。因此在我的印象中，寶島臺灣該是到處山青水綠。但是經過四、五十年，臺灣環境漸漸惡化，乃為事實！阿里山流出的水，是否還是可以喝的，我不知道，許多的河流溪澗，均由於山坡地的農牧開墾及工業設施，嚴重地汙染了水資源，這是事實！

日前，我在金山鄉（編案：二〇一〇年已改制為新北市金山區）法鼓山，問三十多位參與禪修的社會菁英：「五百年後我們再回地球訪問，地球會是什麼面貌？」大家各個失望地說：「那時地球可能翻了一個身。」「地球上可能已經沒有山，連阿里山都不見了。」「人口太多，把山剷平填海了。」「山上樹木都不見了。」

高山常青
綠水常流
但願五百年後世界會
更美會出現人間淨土
永镇製

但也有一位聽眾期望著說：「五百年後世界會更美，會出現人間淨土。」

這兩種看法和想法，恰巧完全相反。諸位也請猜猜看，五百年後地球會是什麼模樣？會變得更壞，還是真有人間淨土出現？今天我們如果不及時剎車或及時調整生活觀念、調整生活方式，我相信，五百年後的地球，可能到處都是垃圾山，所有的人可能都會害著各種各樣的怪瘡怪病。

但是，如果我們及時回頭，愛護環境，人間淨土是可能出現的。以佛教徒的立場而言，只要努力，只要有心，未來不是不可以挽救的。我希望五百年後回到地球時，我們的子孫都已是生活在人間淨土裡。

二、現在菩薩未來佛

在佛教經典之中，將所有的生命分成兩類：一是有情，二是無情。有情的生命是指動物世界；無情的生命包括植物和礦物。

在佛教徒來看，無論是動物世界、植物世界、礦物世界，都是我們身體的一部分。身體無法離開大環境，大環境便是身體的一部分，如果沒有大環境，我們的身體就無法存在，而生存的環境，就包括了動物世界、植物世界、礦物世界。

佛經的《生經》中提到，所有的動物都可能是現在的菩薩、未來的佛。釋迦牟尼佛在無量世以前，發菩提心之後，便一生又一生地在不同的眾生群中廣度眾生。在不同的眾生群裡，他做過鹿、象、兔子、鳥及其他的種種動物。

因此，我們看到動物時，就應該想到，這些動物可能是發了菩薩心願的未來佛，對待動物應該就像關懷、尊敬所有未來的佛一樣。

但目前世間的動物世界，究竟如何？許多珍稀的野生動物，由於自然環境被人類文明破壞，已逐漸減少乃至滅種了。由於溪流、水塘、池沼、湖泊受到人為的汙染，水鳥種類已慢慢少了。許多過去有的魚，現在也不見了。不僅在臺灣沒有容身之地，在世界各地也都不容易找到棲身之所了。

就佛教徒的觀點來看，森林等於是未來諸佛居住的世界。因此，當我們看到森林失火，就好像看到臺北市或者是一個人口聚集的村落、都市，發生火災一樣。這是佛教徒對自然環境的認識和看法。

三、在水邊林下修行

釋迦牟尼佛就是出生在一個公園裡的無憂樹下，出家後在森林中修道，而釋迦牟尼佛成道的地方也在一棵菩提樹下，成道後說法、首次度化五個比丘弟子的地方叫鹿野苑，也是樹林。佛陀也常鼓勵比丘們，當以「日中食，樹下宿」為精進的生活方式。水邊林下，乃是修道的環境。

在清水邊聆聽淙淙水聲，同時也欣賞水的清淨及寧靜的境界。林下指的就是樹林之下。釋迦牟尼成佛之時是在尼連禪河邊上，成佛前則在河裡洗了澡。在印度人的觀念中，恆河的水是天上來的，能在水裡洗澡，等於是受上天力量的滋潤，而得到罪業清淨。在印度古國王登基典禮中的灌頂儀式，就是以四大海水來澆頭，說明國王已受到水的滋潤與祝福，可見水和樹林對印度民族的重要性。

還有，釋迦牟尼佛成道以後，有好幾個修道和弘揚佛法的道場都在樹林裡。其中有一個叫竹林精舍，就種滿了竹子，甚至他在涅槃時，也是在兩棵闊葉的娑羅樹之間。

今天我們要考慮許多環保問題，我想就從法鼓山農禪寺推廣起。不要多用紙張，就以吃飯用的餐巾紙為例，沒有餐巾紙是不是照樣可以過日子呢？我想還是可以的。

我曾看到報紙報導，臺灣一個五口之家的家庭，一天用紙，包括衛生紙、包裝紙……種種紙張，加上信箱中塞滿的垃圾郵件，相當於用掉一棵樹。臺北市二百多萬人口，那相當每天用掉約五十萬棵樹啊！

二十多年前，我去日本留學時，當時是以用紙量多少來衡量一個地方的文明程度。臺灣由於印書、印報紙、包裝紙的用量少，日本用量大，所以日本是先進國家。現在這個世界的觀念應該倒過來了，用紙用得最多的地方，是最野蠻、最不知愛惜自然資源、製造髒亂最多的地方。現在日本已在減少用紙量，而臺灣卻還沒有做。我要呼籲各家廠商，注重商品品質，減少包裝用紙，商品包裝愈樸素愈好。

過去在市場用草葉樹的葉子來包菜，不會製造汙染，而今天用的塑膠袋是消化不掉的垃圾，如果說不能再用葉子來包菜，至少可用環保袋代替塑膠袋。環保袋只要稍加清洗後便可繼續使用。

我們也在推行用環保餐具，包括碗、盤、筷子、湯匙。現有的保麗龍餐具相當簡便，用完就丟，但對我們的環境卻造成非常大的破壞；我們用的環保餐具是不鏽鋼的，用完洗過還可以用，用一輩子都不會壞，還可以傳給我們的後代。人家說佛教徒衣缽相承，我要把我的環保餐具也傳給我的弟子。希望大家也都能響應，平常都帶在身上，隨時可以用。

四、水資源保護刻不容緩

我的家鄉在江蘇省常熟縣，是所謂的魚米之鄉，水質非常好，水中可以養魚、種蓮藕、蒔菱角等。但在五年前回到我的故鄉一看，我俗家前後兩條溪流，真是「綠水」常流，水是墨綠色的。裡頭已沒有魚蝦，而住那裡的親人還是吃那溪裡的水。

我問俗家哥哥，田裡收成如何？他說：「好！因為毛澤東思想，共產主義社會制度，使我們大豐收。收成是解放前的二至三倍。」事實上，是使用化學肥料及農藥的結果，因此農作物的收成較好，但是農藥也把河水染成墨綠色了。

臺灣這個問題也很嚴重，以北投農禪寺為例，過去那兒的井水是可以喝的，現在受到鄰近工廠汙水、稻田肥料、農藥的汙染，已不能喝了。

記得小時候，我曾因用一大盆水洗臉，被師父責備，我不解：「水那麼多，為什麼不能用？」師父告訴我：「你現在不節省用水，旱季來臨就沒有水用了。再說，人的福報有一定的限量，你這一生帶來的福報如果提早用完，就沒有福了。就像餓鬼，有食物吃不到，有水不能喝，這就是因果報應，如果不知珍惜而浪費福報，下場會跟餓鬼一樣。」

環保工作要從心靈做起，所謂心靈環保，就是打內心起徹底做環保，不只是呼籲大家少用點紙和水，多種幾棵樹……，還要從每個人的觀念、信仰、習慣改變起。

佛法講因果，講福報，就是心靈的環保。所謂「因果」，是指我們所做所為與將來所得到的結果有關。也許是我們這一生，也許是我們的來生，也許是後代的子孫，總會受到果報。再從佛教信仰來看，我們要為來生的罪福著想。因此我們不僅要珍惜現有的福報，同時要為永遠的來生，培植更多的福報。

培福的作法為何？無非是少浪費、多付出、多奉獻。以用水為例子，當水不虞匱乏之時就要節省用水，免得旱季來時飽受缺水之苦。

五、少欲知足．知足常樂

佛法要我們少欲知足，知足則常樂。物質的貪求是沒有止境的，已經有了的，希望多一點，多了又希望更多。佛經對欲望的可怕，有一比喻，就像是口渴的人喝鹽水一樣，愈喝愈渴，愈渴愈喝，最後變成死路一條。物質生活不能沒有，但要適可而止，要知足、要惜福。

少的希望多，多的又希望更多，自己這一生擁有的，又希望兒孫也能繼續擁有，這並不是很壞的事。但是如果因為貪得無厭而浪費了自然資源，那不僅不能造福後代子孫，反而是加害於他們。

人間淨土的推動，要從人的品質提昇開始做起。如何提昇人的品質？就是要多奉獻，少追求。人類在世間，就像是同一個魚缸裡的一群魚，生存的環境是相同的，其中有一條魚如果多撒點糞，自認為是別人受害，無損於自己，豈不是非常愚蠢的事？竟忘了自己也是身在其中！

（一九九三年三月十二日晚間由時報文教基金會邀請，講於臺北市中正紀念堂廣場）

從佛教看我們的居住環境

二十多年前我在日本留學，當時日本的環境受到非常嚴重的破壞，例如：東京灣的水不能養魚，灣內的魚不能食用，東京市內的空氣也受到汙染。但是日本人意識得快，做得也快，幾年內便做了河川疏濬的工作，汙染問題也在逐項解決。

今日臺灣的汙染問題比二十年前的日本更嚴重，人們雖然有環保的意識及要求，可是環保觀念卻是非常模糊，總是在威脅到個人的利益及家庭的利益時，才想到環保，對自己沒有切身關係、迫切需要時，便漠不關心，甚至製造汙染，破壞環境。

一、臺灣環境品質日趨惡化

（一）空氣、水汙染：臺北市空氣非常壞，走一圈市街，會發現鼻孔內是黑的、髒的，坐在汽車裡也不能呼吸到乾淨的空氣。

去（一九九二）年我到夏威夷旅行弘法時，發現當地的水資源非常有限，政府嚴格限制人口移入及居民人數，主要是因為水的供應出問題。

二十年前，臺北北投的地下井水可以飲用，現在挖井，井水是綠色發臭的，這是因為地面受到汙染，連帶波及地下井水。北投人若沒有自來水供應，生活就會有問題。同樣地，如果陽明山的水源受到汙染，居住在北投、陽明山一帶的人，生活也將受到威脅。

臺灣是一個海島區，如果我們再不好好珍惜水資源，將來恐怕必須利用海水淡化方式才能取得飲用水。

（二）森林破壞：不只是臺灣，全世界的原始森林已經愈來愈少，造林做得少而慢，卻砍伐得多而快。由太空攝影，看到地球的許多原始林遭砍伐，就像是一隻野狗身上長有一塊塊的癩瘡，如果不好好治療這隻狗，牠便很快會死亡。

我們必須珍惜森林的資源，多種樹木，讓臺灣環境免於受到破壞。

（三）土地破壞：臺灣的面積相當小，為了種種的生產，土地被建築物占有，也被農業開墾破壞。

一九七五年我去美國紐約時，長島是全美生產洋山芋最豐富的地區，幾年前發現洋山芋有毒不能再食用，其原因是使用太多農藥、肥料，破壞、刺激了土壤，因此政府下令，這片土地必須廢耕十年以上，使地力再恢復。

以前農禪寺附近，一到傍晚，尤其是春天之後到秋天為止，都可以聽到青蛙叫聲，如今已經很難再聽到了。過去四處可以看到鷺鷥蹤跡，現在也已經很少看到牠們的足跡了。

二、眾生皆享有生存權

慈悲，是認為地球上一切眾生都應該受到人類的平等關懷，因為只有人類有慈悲心，其他動物則不知何謂慈悲。「慈悲」二字是佛教對人類的定義：人受到教育的影響、佛法的熏陶，而產生了慈悲心。有了慈悲心，便應該平等地關懷一切眾生，因為所有的眾生皆享有生存的權利。

自然界的生物，有一個循環的生存原則，就是食物鏈，什麼樣的生物吃什麼樣的東西，然後回過頭來產生同樣的循環，這是無可奈何的事。

由於人為的破壞，現在生存於地球環境的眾生，已不能自然地循環滋生，許多動物已失去生存的權利。人類也是眾生的一分子，我們無權剝奪、破壞其他眾生的生存權利，而是應該讓他們也有生存的環境與空間，這也是慈悲的佛教徒應該要做到的地方，因此我們至少要做到不濫捕、不濫殺。

三、佛教的居住環境

大家都知道，釋迦牟尼佛誕生於印度一個小城邦內，這個小國有一個王家的私人公園，一直到現在還是佛教的八大勝地之一，叫藍毘尼園，位於現在的尼泊爾境內。釋迦牟尼佛時代，公園內滿處都是樹木花鳥，五年前我到那裡朝聖，當時的花草樹木，由於人為因素，現在只見一片荒涼的殘跡，令人傷感。

釋迦牟尼佛修行的地方叫作苦行林，是經常有許多出家人在那兒修行的森林，現在只剩下幾棵樹，象徵著當地還是歷史上的苦行林，這也令我非常難過。釋迦牟尼佛成道後，馬上去度化他的五位弟子，當時他們正住在鹿野苑的園林裡，如今亦是一片荒蕪。

再看看釋迦牟尼佛一生中幾處最重要的弘法和培養弟子的地方，例如：祇園、竹園、菴羅樹園等，都是著名的花園、公園，當初是成千成百的出家人，共同過著修行生活與集會的地方，那是在水邊、在樹下。

釋迦牟尼佛是在拘尸那羅城的娑羅雙樹間涅槃，我在印度時只看到一棵，那還是後來補種的。釋迦牟尼佛的一生和自然環境密切地結合在一起，但是現在的自然環境已經受到嚴重破壞。

佛教在釋迦牟尼佛涅槃後傳到中國及世界各地，出家人大部分也是在城郊，村落邊緣，有樹有水的地方修道、生活，以便托鉢。

中國佛教徒中一定聽過一句話：「天下名山僧占多。」我把「占」字改為「建」字，成為「天下名山僧建多」，我們看到中國大陸的名山古剎，都是代代的僧人建立起來的。

許多僧侶住在一起修行的地方，稱為「大叢林」，而眾多出家人、許多佛教徒共同聚會的場合，稱為「清淨海會」，像大海一般清淨，像水一樣從四面八方匯聚到大海，正如今天諸位參加這場演講，也可稱之為「清淨海會」。可見佛教跟山林與海水的關係是多麼親切。

四、惜福的生活觀

現在談談佛教的生活觀念。佛教的生活觀是要知福、惜福、培福、種福，才叫作「有福」。

大家都希望有福報，例如：中國人過年時喜歡把「春」、「福」二字倒過來貼，象徵春到、福到，春天到了，希望也來了；希望來了，福報也跟著來。但是，真正的福，應該是先知道「有福」，才可能會珍惜福報，因為福報得來不易。「種瓜得瓜、種豆得豆」，可是種瓜不一定得到瓜，種豆也不一定得到豆，有瓜一定是種了才能得，有豆也一定是種了才能得，即所謂種善因才能結善果，一定要珍惜得來不易的福報。

和十幾、二十年前相比，生活在今日的寶島臺灣，我們的福報實在太大了，跟今日中國的大陸比起來也是如此。我們應該知道自己生活在福報之中，不要浪費，揮霍福報。這就等於我們存在銀行的錢，是辛辛苦苦賺來的，不是不勞而獲從天上掉下來的，我們必須珍惜它才能保有它，不但珍惜它還得增長它，使福更多，福一多，生存的保障也愈多。否則有多少福報就用多少福，生活便沒有安全的保障了。為了更安全、更幸福，我們必須培福、種福，才能有福。

可是自然資源似乎是來得太容易，我們往往浪費了還不自知，不管吃的、用的，我們都在不知不覺中浪費了許多。尤其是現在的年輕人，對惜福的觀念還不能接受和了解。

二十多年前我在日本，有一次看到一對父子在吃飯，兒子吃飽後拿了一塊甜點和一個蘋果，都各咬了一口就丟掉了，他的父親便說：「兒子啊！爸爸小的時候想吃塊甜點都很不容易，也不可能一個人吃掉一整個蘋果，你怎麼把這些都浪費、糟蹋掉了呢？」兒子回答道：「爸爸，你太古板了，你小時候可憐沒東西吃，現在冰箱裡隨便拿，都有許多東西可以吃，我已經吃飽了，這些東西又不好吃，為什麼不可以丟掉呢？」

這是我在日本親眼經歷的一則故事，在座很多人或許也遇到過這樣的情況，甚至多少也有這種觀念。因為資源豐裕的緣故，我們工作一天可以買到許多蘋果，如果不好吃或吃不完便覺得可以丟掉，但是沒有想到丟掉這些東西，等於是浪費資源，同時也製造了環境的汙染。

一天之中，如果製造的垃圾愈少，我們的生活便可以保持得愈清淨，若任意浪費資源，對環境的破壞便愈多，這是相互循環的道理。許多人把自己家裡的垃圾往外丟，卻在走過街頭聞到這些垃圾臭味時，都不約而同地掩鼻而過，就是沒想到這都是自己製造出來的惡果。

臺北縣、臺北市為了垃圾問題，產生許多爭執，臺北市希望把垃圾倒到臺北縣，臺北縣說：「我們不需要垃圾。」同樣的問題在美國也發生過。有一次在紐約港口停泊兩大船的垃圾準備出海，但不知要運到哪一個島，被發現後，便處處被嚴密地監視著，這兩條船在海上漂流幾個月後又回到紐約。這足以說明本來雖未想要害人，最後卻害自己。我們製造垃圾時好像與己無關，其實關係是非常密切的。

佛教徒的另一個生活觀念是寧靜、清淨、整潔、簡樸，這便是修行。

有一個統計顯示，在美國食物被吃掉的只有百分之四十至六十，被丟掉的也是百分之四十至六十；也就是說，一半被吃掉，一半被糟蹋掉了。其實我們吃東西時，只要拿夠吃飽的份量就可以了。

現在不論在臺灣或西方的餐廳用餐，大家都有一種習慣，如果不剩下一些，就表示這個人不懂禮貌，是貪吃。請問這種習慣好嗎？淺而易見地，這樣不但增加清洗碗盤人的麻煩，流出去的菜渣也會汙染大地、水溝及海洋，既浪費資源也破壞環境。

臺灣現在沒有人餓死，但世界上有三分之一的人口，還生活在飢餓的邊緣，如果我們不惜福，不過簡樸的生活，將來臺灣可能會發生同樣的問題。

五、自然環保

山河、大地、陽光、空氣、水和我們生存的空間，都是自然環境，更重要的是，我們不能沒有土地讓我們生存、活動。從佛教的觀點而言，不論地面、地下、空中、水中、城市或山林，無一處不是眾生的家園。

臺北市的基隆河曾經是清澈的，現在都變綠、發臭了；早期高雄市的愛河是乾淨的，後來工業發達，住民愈來愈多，廢水排到愛河，使得愛河變成臭河。現在愛河還是臭的，基隆河還是綠的，河裡還可能會有水族動物嗎？

空中應該是沒有問題的，但工廠密集的地方，鳥兒不敢飛過去，飛過了便會中毒。我曾經在日本大阪經過，那是一個工廠密集的城市，空中已很少有鳥飛過，若有，也是生命力相當旺盛的種類。

本來大地無處不是眾生生存的家園，現在，眾生的家園是愈來愈少了，不僅城市受到汙染，鄉村和山林也一樣被汙染了。

梨山下有一個達見水庫（編案：一九七四年已改名為德基水庫），水庫的水質本來可以飲用的，後來因為上游山坡被農民使用及農場開發，水已經有毒不能飲用了。在佛教的觀念裡，每一處空間都是眾生生存的地方，如今環境受到巨大的改變，人口雖然增加了，人類生存的空間與環境卻愈來愈少了。

六、珍惜資源做環保

佛教也認為，任何一個空間方位，無一處不是佛菩薩救濟眾生的地方及修行的道場，因此自然界的一草一木、一石一沙，都被看成是修道的地方，所謂：「一沙一世界，一花一如來。」青青翠竹、鬱鬱黃花都是如來說法的型態，我們把整個的自然環境都當作是諸佛的法身，為我們說法，給我們恩惠。所以對任何一樣東西都要珍惜，用它、吃它是為了要維持生命，而生存是為了要修行，要自利利人。除了必須吃、必須用的東西之外，便不該浪費，否則便是有傷慈悲。

地球上的原始森林已經很少了，但我們卻砍了很多樹木製造紙張。每天我們可以從每戶人家信箱中發現許多廣告印刷品，每次只要一有群眾運動，馬路邊上便可以看到很多宣傳紙張，實際上這些都是一棵一棵的樹被砍倒後製造成的。這樣一來，一方面破壞自然，另一方面又汙染自然。

在農禪寺，除了衛生紙，其他的紙都集中給再生紙的製造廠商回收，其實看過後不要的書籍，也應該集中做為再生紙，但願全臺灣的人，都能響應這樣的運動。

有一位女居士到農禪寺看我時說：她的丈夫印了許多觀世音菩薩像，因為不莊嚴所以沒有人要，不知如何處理呢？有人教她燒了，有人教她埋了，使她非常煩惱。我則教她拿去當再生紙。因為燒掉一來製造空氣汙染，二者浪費資源。當然埋在地下也是可以，但是現在已經沒有多少人能有屬於自家的土地可以埋了，縱然埋了，也造成地下汙染。因此最好的方法是回收後，做成再生紙。這位女居士聽後說：「師父啊！這很罪過。」我說：「阿彌陀佛！如有罪過，算是我的，因為是我教妳拿去做再生紙的。妳可告訴菩薩：『請不要責怪我，都是聖嚴法師教我這麼做的。』就可以了。」我是不是真的有罪呢？相信是沒有的。因為印刷成紙張的佛像，當你供養的時候是將它當成一種工具，象徵著佛菩薩，並不是說那便是真的佛菩薩。如何處理則是按照我們的意思，只要不是故意糟蹋它，是不會有罪過的。

七、尊重自然法則

前幾天有人到法鼓山去，他看到那裡有好多臺灣本土生長特有的野花、野草，覺得非常珍貴。他說：「啊！法鼓山還有這些花草，法鼓山開發後是不是要把它們都剷掉呢？」我告訴他：「我們還是要保留這些的，它們是在這裡住了很久的『原住民』，我們一定要尊重它們生存的權利，保護它們。打算蓋房子的地方我們一定要想辦法移植，讓這些植物能綿延下去。」

這些原來在臺灣島上隨處可以看得到的東西，已經愈來愈少了，到處濫墾開發，造成這樣的後果。

生態的資源非常奇怪，在法鼓山有一棵榕樹，二個星期前還是滿樹的葉子，上個星期我再回去看時，葉子已經被啃食精光了。這棵樹是被非常漂亮的蟲吃的，吃了以後就變成蝴蝶，我覺得這也是值得的。樹葉被吃光後便能養活許多蝴蝶，雖然多數的蟲吃完後便死亡，沒有蛻變為蝶，但是這是自然界生態的自我調節，樹葉雖被吃光，明年一定又會長滿一樹的綠葉。

換個角度看，若我們使用農藥噴死這些蟲，樹是否會受到保護是一回事，但生態的循環卻受到破壞了。

所以在法鼓山，我們都不會刻意去理會這些蟲，牠們自己會去找東西吃，生與死是自然的循環。人類知道不要做危害自己生存的事，但更進一步要做到尊重其他生物生存的權利。

但是若因為放生而破壞自然環境，就必須仔細考慮了。以前放生，是把鳥放到森林裡去，把魚放到潭裡去，可是並沒有考慮到南部的鳥可以放到北部嗎？高山上的鳥可否放到平地？人工養殖的鳥，可否放到高山野外？深水魚、溫水魚都可以任意放到淺水裡及冷水裡嗎？這些大家都是沒有考慮過的。

因此，以往的放生是非常愚蠢的。例如：石門水庫一年會撈一次魚，都有許多人前去放生。許多年前我們在新店溪的上游放生，魚剛放掉，還不熟悉環境，很快就被撈起來了，這些人是在看到我們把魚倒下後，趕快把船開出來，明目張膽地把魚撈走。

現在我便呼籲不要再放生，因為放出去的魚和鳥很可能會死在無法適應的自然環境裡，若魚死在水的源頭裡，人們便喝那些死魚的毒素了。

我們要改變放生、護生的觀念，應該把放生的錢拿去做珍稀野生動物的保育、醫療，讓這些動物有一個調養的地方，復健後再放回原來生存的環境，這才是真正的放生，否則就不是慈悲，而是殺生。

許多人買烏龜放生，並在龜背刻字，可憐的烏龜便受到殘忍的虐待，一次次被人捉來再刻上字再放生。如果我們不放生烏龜，牠們便會生存得很好，不會經常被人捕捉。

八、生活環保

養成「惜福重於享福」的習慣就是一種美德，這個觀念一直很難被人接受。一部分的經濟理論家說：「鼓勵消費便是刺激生產，消費得愈多生產量愈高。」

但是也有相反的意見，因為天然資源有限，世界上的資源只會愈來愈少，不可能愈來愈多。現在我們利用大量的鋼鐵生產機械，大量的石油供給能源，沒有想到地球本身是個「有限公司」而非「無限公司」，不可能無限地供應。

我經常這樣比喻：人身上有皮膚、血、肉與骨骼，地球也一樣有骨、有血、有肉，我們使用自然資源，等於是把骨頭一塊塊拿出來用，把血液一桶桶地抽出來用，抽多了以後會貧血，沒有血便死亡，那時候的地球就成為一個死掉的、無人居住的星球。

想把資源從外太空或其他星球運回來的可能性是很小的。為了人間淨土能在地球上實現，我們應該珍惜自然資源。

社會上的搶劫、綁票、偷竊，看起來這些人以為只是損害他人。有些犯人更是異想天開，認為如果犯案被捉到是自己倒楣，沒被逮到是自己福氣，這種觀念是全然地錯誤。因為我們的自然環境及社會環境，就像是同一個人的身體，只要身體上任何一部分受到傷害，一定會影響到全身其他部分的健康。

自害害人是最愚蠢的，短時間也許會以為是自己受利，若從長時間看，一定會遭受到一定程度的報應。

九、禮儀環保

人與人的關係是建立在禮貌之上，但是今天社會上懂禮貌的人太少了，發自內心真正懂禮貌的人更少。有些人是為了自己的生意，和自己有利害關係時，不得不說幾句有禮貌的話，表現出禮貌的行為，若對於不相干的、疏遠的人，卻沒有禮貌。

在日本，見到人時，一定會互道早安、午安及晚安，孩子要出門上學及回家之時，也都會稟告父母親。

我曾經在臺灣看到一位年輕人等車時，東張西望踩到一位老人家，他一看是一位老人被踩了一腳，便趕快跑，一句對不起的話也不說。老人便追上去對年輕人說：「對不起啊！我的腳嚇了你一跳。」這老人是希望年輕人記取這個經驗，以後踩到別人要說一聲對不起。

站在佛教的立場，有三個禮儀項目：

（一）身儀的禮讓、禮敬：佛教徒合掌、軍人敬禮、一般人鞠躬都是禮貌，行、住、坐、臥，待人接物中，謙讓、誠懇的態度也是一種禮貌。

（二）口儀的讚美、慰勉：有時即使對方錯了，也要慰勉一下，對的更應該讚美才是。對方如有二點正確、八點錯誤，我們應該讚美他對的二點，而慰勉錯誤的八點，告訴他現在雖錯了，但是下次一定會改善。

對父母師長等長輩，對諸佛菩薩乃至祖先，也可用身儀、口儀來表示我們的尊敬。對活著的人要讚美、慰勉，對亡者也該讚美他們在世時的美德。

（三）心儀的真誠、懇切：我們應該用真誠懇切的心來敬上禮下，對人對事都以感恩感謝的心來接觸，如果心裡不誠懇，任何一個外表的禮儀，做得再莊重都不能感動人。

在任何儀典中，若用物質的浪費來鋪張，只是資源的損失，講究場面，僅是虛榮的滿足，不是真正的禮儀。

唯有以真誠懇切的心儀，讚美慰勉的口儀，謙躬整潔的身儀，來舉行儀典，才是真正有益於社會的禮儀。

時下的臺灣，在喪葬、祭祀的禮儀方面，尚有商討、改良的必要。我們經常可以看到大出殯的排場，送葬的隊伍長達幾百公尺，甚至幾里路，阻礙交通。隊伍中又是西樂，又是國樂，加上出家人敲木魚誦經念佛，都透過揚聲器、麥克風大聲播放，對沿途的住家造成噪音汙染。

還有一種習慣很不好，我曾看過一輛車，車上有一個靈位，大概是剛從火葬場回來，可能除了靈位還有骨灰，車子一邊前進，一邊有人向車外一張張丟著冥紙。

這是毫無意義的事。家中如果有人往生，應該念佛菩薩的名號，若是自己念累了或是沒有那麼多人輪流念，可以放「阿彌陀佛」聖號的錄音帶。念佛讓亡者及活人都有一種安慰感，平安且祥和，讓亡者往生西方，令活著的人相信將來自己也會往生西方，如此一來，生與死之間便沒有那麼恐懼，距離亦不再遙遠。

臺灣另有一種民間信仰也需要改進：把死狗丟進水裡讓牠隨著流水漂向海裡，把死貓掛在樹上日曬夜露。臺灣話是「狗死放水流，貓死掛樹頭」，其實狗屍不會被水流到海裡，反而身體會膨脹把河水汙染了，貓屍腐爛生蛆，空氣中也會聞到屍臭的味道，危害公眾的衛生。

也有人迷信吃了中藥的藥渣，最好倒在十字路口讓人踩了，吃藥的人很快就好。意思是踩藥渣的人會把病帶走，這安的什麼心啊？

一〇、心靈環保

心靈環保的意思，是要我們從沒有道理的信仰，進步到正信佛教的信仰，也就是理性與感性調和的信仰。

臺灣多少年來有大家樂、六合彩的賭博遊戲，希望中彩的人就去拜土地公，求夢、求明牌。如果每一個人都求，而土地公都能出明牌，這些橫財從何處來呢？這是非常愚蠢而且不合理的心態，因為土地公不可能印鈔票，鬼神不可能生產任何東西，怎麼可能求得明牌就有橫財到手呢？

心理不健康就是心有病。心靈環保是治本的，生活、自然、生態的環保是治標的，若心靈沒有認同環保的理念，一切都會落空。心理健全，環保的工作才能扎根、有效、長遠、廣大。

（一九九三年九月八日由臺北縣政府主辦邀請，講於板橋市立體育館，林婉淑居士整理）

人間淨土

剛從貴館樓下上來，看到一些標語，提醒我們要為子孫留下一片乾淨的樂土。像「森林是大地的花園」、「紅樹林是螃蟹的家」等等，使得我今天在此講人間淨土，感覺非常貼切。人間淨土的實現要從我們的環境開始，環境宜從自然，再加上人為的美化淨化，切不可由於人為的破壞使之成為髒亂的穢土，愛護自然環境，才能使之成為清新的淨土。

一、和樂無爭

首先說明淨土的意思是指清淨的居住環境。現在到處可以看到和聽到在提倡環境衛生、環境安全的運動，環保意識很高，這正好表示出目前我們所處的世界，還有許多情況是要等待改善的。感覺不滿意，就不是淨土。

淨土也是指和樂無爭的社會。世人多在為名爭、為利爭，還有人倡言是為公利、公益爭。即使為了公共利益而爭，到底是爭千秋呢？還是爭一時？其實凡有爭執，都是煩惱。佛法主張以和為貴，唯有和諍，才能安樂。許多問題都不是用爭可以解決的，應用理性的疏導及慈悲的關懷，才能將問題化於無形。

爭執是對立的，各執一是，各取一端。你站一邊，我站一邊，總有一邊不對。如果每個人都讓一步，問題就沒有了。好比過橋，我從這邊過去，你從那邊過來，兩人在橋的中間相逢，橋面很窄，只容一個人通過，兩人爭持，誰也不讓誰，結果至少會有一人掉下橋底，也可能是雙雙落水，兩敗俱傷。

以佛法來講，忍辱就是福，但這並不等於是逆來順受，而是給雙方有一個迴轉的空間。你衝擊過來，我不要馬上反擊過去。你從左邊打過來，我偏到右邊去，臨淵止步，懸崖勒馬。或者，人家非要把你擊倒不可，你自己就先倒下去吧！你已倒了，你已認輸，但卻保全了身體，然後過了一段時間，你又可以站起來了。以忍辱、慈悲和智慧來處理問題，爭執大概不會產生。縱然發生，也能大事化小，小事化無。

目前的議會文明，總是打打吵吵，使得電視觀眾，面對這種畫面的報導，非常苦惱！如何才能使打的人不打、罵的人不罵，屆時我們的世界才有淨土出現。

二、平安健康

人人都希望生活在平平安安、無憂無慮的世界，可是我們目前的社會並不平安，焦慮太多。出門時馬路上常見到車禍，看報紙，每天都看到各種不同的災難，出現在這裡、那裡，雖然大家在心裡希望平安，事實上並沒有平安的保障。

我有一次坐計程車，看見駕駛座上方，掛著十八王公、行天宮等三、四個祈求行車平安的保護牌。結果司機老是超車、超速，我勸告他開慢一些，他則說：「放心，我開車平安得很，從來沒有撞到過人。」我告訴他：「你是平安，但是你讓人家感到不平安。假如半路冒出一個行人，沒想到有人開這麼快的車，就會發生不幸。讓別人提心吊膽，失去平安的保障，沒有平安的感受，就是在製造不安。」每一個人都希望平安，但是能不能再想想，當我們做事、開車，有任何動作，有任何言論的時候，是否也能顧慮到讓別人獲得平安的保障。若能人人都讓別人感覺平安，我們的世界就會慢慢地成為淨土。

生活在淨土世界，應該都是健康無病的，不僅身體健康，心理也健康。但在我們的社會，有的人身體很好，常常運動，可是常和他人吵架，老是抱怨自己的遭遇和家庭，抱怨社會的制度及環境，這種表面健康而心理不健康的人，其實是有病的，而且是害著傳染病的人。心裡充滿怨恨、憤怒和強烈不滿的人，談吐中也會讓人感覺不安全、不衛生，影響到被他接觸到的人。

若希望人間淨土在我們的環境中出現，當要體會淨土的健康無病，就必須要從每一個人自身做起，言行舉止，都是健康的，當別人看到你的面孔時，也能有健康的感覺，不要讓人家見到你時就像見到瘟神一樣，退避三舍。我們要做個無病的人，並且也要做個消毒的人，常為自己的心理、口頭、身體的行為消毒，也常為社會、家庭消毒，人間無病健康，淨土才會出現。

三、富貴有錢

淨土中遍地黃金、珍寶，全部都是無價之寶。因為全部都是無價之寶，那就不必說是無價之寶了，所以也無人爭搶。

古云：「飢寒起盜心。」但是現在的臺灣，做強盜的人不是因為飢寒，而是為了滿足虛榮和享受，他們開的是一流的進口車，住的是洋房，生活不窮，而是心窮，欲望無止境。物質生活的貧與富，很難判斷。有人花錢如水，揮金如土，家財萬貫，仍不滿足，希望要的東西還是很多，希望人家的東西通通變成他的。這好像是一隻貪心的猴子，在桃子樹上，看到每一個桃子都想要摘，摘一個挾在腋下，再摘一個再挾在腋下，桃子樹都被摘光了，手上可能僅抓住一個。牠雖只吃到手上最後一個，整棵樹的桃子，都已被牠糟蹋光了。這世上貪得無厭的人，多半是這個樣子，害了許多人，也累了他們自己。佛經中有一則比喻：貪欲不滿足的人，好像飢渴的人飲鹽水，愈喝愈渴，愈渴愈喝，最後便被鹽水鹹死了。中國也有「飲鴆止渴」的成語，異曲同工。

可知豐富的生活，不是要使地球上的每一寸土地都變成黃金，而是把我們內心的欲望減得愈來愈少，並把擁有的東西，盡量布施給人。只有能有東西給別人的人，才是富人。把自己的錢用出去，對人有益，於己無害，便是有錢的人。

淨土世界的人，每天都會拿了鮮花及飲食等物品，到十方世界去供養諸佛，這是富貴中人。如果不肯布施供養，老是貪得無厭，就像饕餮鬼一樣，一直吃下食物，肚子永遠不滿，因他光是一張大嘴巴，沒有身體也無腸胃。合理的錢可以賺，賺得愈多愈好，也用得愈多愈好，用來回饋社會，利益眾生，這才是大有錢人。

四、繼往開來

何謂人間？即是人類的生存，人類的綿延。從過去久遠以前的祖先，一代一代傳到現在，傳向未來，代代相傳的關係叫作人間。人類文化的承先啟後，從傳統的過去走向前瞻的未來，這樣的歷史過程，叫作人間。

何謂人間？從人與人的關係產生種種的互動，可知人類的相互關係，便是人間。人生的舞台是人間，人與人的彼此間均有各種關係，在人生的舞台上每一個人都得扮演許多不同的角色。從佛法的觀點來說，我們在過去世與未來世，當然有可能是人，但也不一定是人，這要看我們所做的事而定。如果現在我們做壞事，未來大概保不住人的形相；如果做很多善事，未來可能生天或生到佛國淨土去。人間是屬於眾生的類別之一，在這環境中，把眾生分成六個等級，稱為六道輪迴：人、天、阿修羅、地獄、餓鬼、畜生。在人生舞台上，還有其他眾生在活動。其他的眾生不是主角，主要是因人能造業，能改變這個世界；其他的眾生只能受報，沒有改變世界現況的能力。人除了與其他動物一樣有食、色之欲外，還有記憶、思考、改變環境的能力。

人際關係，即是人間。隔壁的鄰居和我們有關係；同坐一輛車也有同是乘客的關係；同聽一個人演講，彼此都有同是聽眾的關係，在這以前不認識，以後也許也不會見面，但已建立了關係。人不可能單獨而孤立的生活，一定要靠其他的人共同生活、互助合作，佛法叫作因緣所成。人間是由許多的因緣和合而成，你和我有緣，所以產生關係。緣有善緣、惡緣，善緣是緣，惡緣也是緣，若要建設人間淨土，就要避免惡緣，增長善緣。

五、廣結善緣

大家要廣結善緣，莫結惡緣，結惡緣很麻煩，怨怨相報無有盡期。若能用平等的慈悲心，與所有的人結緣，名為廣結善緣，這樣才能符合人間淨土的條件。

如果無力結他人緣，能讓人家結你的善緣也是不錯。如果你什麼也不會，什麼也不行，處處都需要別人照顧，正好就有願意照顧你的人，你就用滿心的感謝來回饋照顧你的人吧！因你接受善人結緣，便跟善人產生了好的關係。

結了惡緣怎麼辦？怨家宜解不宜結，想辦法把這筆帳理清一下。但也有些帳是糾纏不清的，你認為是已還帳了，可能到你臨死為止，人家還是照樣吃定你、要整你，不會因為你對他好，他就改變了要你老命的心。若遇到這種情況，不要讓他欺人太甚，要不然他會造業太重，但是施一點小惠，讓他占一點便宜，沒有關係。若有人怨恨你不已，就讓他發洩一番也是好的。好比有人在盲腸開刀之後，一定要讓他放屁才好。有些人乖戾凶暴，也許是他過去生帶來的惡因惡習，致使人人討厭他們，把他們當作壞人、惡人，我們也不要報復他們，應該替他們念佛，祈願諸佛菩薩，讓他們心地柔軟，觀念轉變。

六、人格滿分

有的人說一切宗教都是勸人為善，所以只要心好、人好，就不一定要信宗教，甚至說：「心好勝過持齋。」那好像是說，有宗教信仰的人、持齋的人，尚不如心好的人；倒過來說，信仰宗教的人及持齋的人，心不會好，這邏輯是不通的。應該說，信仰宗教和持齋固然好，心好更要緊。心不好當然不好，但是信仰宗教及持齋這樁事，並非壞事。

有人說：「我心很好，從來沒做過壞事，如果信宗教的能上天堂，而我不能進去的話，我一定要去找上帝理論。」這樣的無理取鬧，是因為自信心過了頭，根本就是驕慢了。好比平民要進總統府，不准進去便要打進去。而上天堂要符合上天堂的標準，好比諸位都上過學校，從幼稚園到大學，都有一定的資格審查，要進公家機構或私人公司任職，也一樣都有其標準，亂來硬闖是不成的。

如果把全人格劃分成一百格，每一格子都可以說是人格，但要到每一格都滿了，才是滿一百分，才是最高的標準。如果說人善就有好心，有好心就勝過持齋，持齋的人能生天堂，好心的人更可以生天堂，這是說不通的。佛說若修五戒十善，始得人天福報，這是生天及為人的標準。未達此標準，光是自己說心好，是沒有用的。

佛法的最高標準是人成即佛成，那是滿分的人格，不但可以生天，進一步出離苦海，再進一步成為菩薩，最後便是成佛。

人倫的建立是在人間，中國人所講的五倫，是君臣、父子、夫婦、兄弟、朋友。現在有人說五倫的第一倫是封建、腐敗。我們不這樣講，因為君臣就是上下，例如：國家與人民、上司與下屬、老師與學生的關係，假如否定了這些關係，就會變得非常麻煩。主從的關係可能會改變，長幼、上下的關係則不能亂；民主社會的職位可以變換，調整後的關係，仍然有上有下。

佛教徒非常重視倫理關係，居士與僧團的關係，僧團裡也有上下的關係，各盡其責，各守其分，便是倫理。有一部《六方禮經》，將世間的倫理說得很清楚，五部大律，則將僧俗七眾的倫理說得很清楚。如果否定了倫理關係，社會就會脫序失控，那會出現禽獸不如的世界了。

我是贊成男女平等的，但在美國，有人提倡女權運動，提出女人走出廚房，男人在家看小孩，他們認為男人能做的事，女人都要去做；女人能做的事，男人也都該去做。有位男士便寫了篇文章說，他對女士們所有的忙都能幫，就是不能幫忙女人生小孩。可見，女人與男人，妻子和丈夫，還是各有責任的不同。

真正的平等，便是倫理，應該各安其位，各盡其職。不要把自己的位置丟掉，跑去搶別人的位置。

七、處處淨土

佛教的淨土在哪裡？

第一類是他方的佛國，是在我們的世界之外，尚有無數的佛國淨土。諸位都知道在西方離我們這世界十萬億佛土外，有阿彌陀佛的極樂世界；東方有藥師佛的琉璃世界。《阿彌陀經》有六方諸佛的淨土；《華嚴經》有十方諸佛的淨土。

第二類是娑婆世界的天國淨土。從地面向上去有二十八天，其中的兜率天，又分外院及內院，外院享天國的天福，內院有彌勒菩薩說法度眾生，兜率天的內院稱為彌勒淨土。

第三類是理想的北俱盧洲。那裡風調雨順，不用辛苦耕作，自然有食物，有天然的房屋，若要休息，在樹林中自然垂下枝葉搭成房子和床鋪。衣服取自撕下的樹皮，也不會有垃圾汙染，人們丟棄的東西，地下便有裂縫含藏進去，藏後還合。衣食自然，無憂無慮，也有男女，也生小孩，卻沒有天然災害，也沒有疾病和戰爭，雖有死亡而壽命很長。可是正信的佛教徒從不求生那北洲的淨土，因為那兒沒有佛法。我們的世界將來有彌勒菩薩下降人間成佛，那時有淨土，但那是在很久年代以後。如果我們珍惜我們的生活環境，人間淨土的理想，也可以逐漸地提早出現。

第四類是我們內心的淨土。如果不能把自心中的貪、瞋、癡等種種煩惱放下，我們就不會見到淨土。以瞋恨心看到的是羅剎世界，不是淨土；以貪欲心看到的是餓鬼世界，不是淨土；以怨恨、嫉妒心看到的是鬥爭世界，不是淨土。要放下與不滿意、痛苦、不自由、不自在相應的煩惱心，淨土就會在我們面前出現。此可用打坐、念佛、誦經、懺悔等方法，使得內心清淨，便見處處是淨土。

八、人間淨土

如何建設人間淨土？首先要在每個人的日常生活裡去注意、去建設。日常生活就是從早到晚，吃飯、睡覺、上學、上班、買菜、煮飯、待人接物等，做任何一件事時，心要保持安寧、平靜，不要毛躁、焦急。在這樣的生活中，睜眼閉眼均可看到淨土，舉手投足都能建設淨土。假如我們能給他人感覺安詳與安全、慈悲與關懷，那麼別人感受到的世界，也相等於淨土了。

大家也當以言語來建設淨土。講話不要口無遮攔，不要尖酸刻薄，要用關懷、善意、親切、尊重的口氣待人。同時要向人讚歎佛法，奉勸他人修學佛法，以持戒淨身口，以禪定安亂心，以智慧修慈悲。

（一九九〇年三月十七日講於臺北市立圖書館北投分館）

附錄

聖嚴法師談「禪的知與行」

應中觀寺邀請，前來巴西主持中觀寺落成及佛像安座開光盛典的臺灣法鼓山創辦人聖嚴法師，於十月二十九日晚上八點，在中觀寺新落成的大雄寶殿中，為近五百位中巴來賓講解「禪的知與行」，並由年方二十歲的賴冠宇擔任葡文翻譯。

由於聖嚴法師是著名的學者及禪師，故慕名前往聽法的中巴來賓十分踴躍，八點不到，大雄寶殿中的座位即告坐滿，後到者只得坐在樓下法堂中，觀看電視實況轉播。

一、指與月

聖嚴法師開宗明義地解釋了「禪」。他說，禪在中國不代表什麼，既不是宗教，也不是哲學，禪並沒有要告訴我們什麼。他幽默地請大家有個心理準備：

「禪沒有要告訴我們什麼，且看看今晚我要對大家說些什麼？」

他頗富哲理又謙虛地說，禪不是一種哲學，所以不需要邏輯，因此講禪或做禪師很簡單，可以亂說，人家說「沒有」，我說「有」；人家說「有」，我說「沒有」，那就是禪。（眾人笑）

魚一定是在水中游，鳥一定要在天上飛，但是禪師卻可相反地說。禪師是不是得了神經病，為什麼要這樣說？不是！因為一般人的常識世界，都不是真的，真的世界不能用語言來表達，所以他講的和常識的不一樣，那是要我們除了常識的世界以外，去看真實的世界。在禪宗有個譬喻：某甲從來沒有看過月亮，不知道月亮是什麼，就算看到了也不知道。某乙告訴他月亮在天上，但那人連天上是什麼都不知道。說的人只好用自己的手指，指著月亮說：「那是月亮。」但沒有看過月亮的人卻看著他的手指說：「這是月亮？」乙說：「不要看我的手指，要循著我手指的方向看到所指的月亮，天上那個光光圓圓的才是月亮。」由此可見，語言只是表達知識，它只是一種符號。

說到這裡，聖嚴法師微笑著問：「有沒有人聽不懂？」結果有幾個巴西人舉手。聖嚴法師頗具禪意地說，這是「正常」的。因為我講的不但是中國話，而且是奇怪的中國話，聽懂的人「不正常」，聽不懂的人才「正常」。

二、禪定與禪宗

隨後聖嚴法師解釋「禪定」和「禪宗」。他說，禪定是一般印度的各宗教師修行所通用的，禪宗指的是中國文化的產物。

佛教是自印度傳入中國，禪宗則是在中國產生的一個宗派，在印度許多宗教、許多哲學，都不能離開禪定修行，許多宗教師也都有禪定的修行與體驗。禪定在印度，它的目的是通過打坐的方法達到身心統一，然後達到環境和自己內在身心的統一，再與宇宙統一，也就是個人與全體統一。平常自己和其他的人是對立的，因此人與人之間會產生摩擦；人和自然環境是對立的，有時也會產生排斥而感到不舒服。我們在宇宙中，似是獨立的，所以未感到宇宙的空間和時間原是和我們連在一起，因此生存的時候不知何處生及何處死，活在世間覺得很渺茫。從禪定的修行經驗中，便可知道：人不是單獨存在，而是與無限的時間與空間結合在一起的。

在西方的天主教來說，人升天國之後，永遠和神在一起，那是天人合一的大一統的全體大我，可是禪宗的立場還要超過這個層次：既沒有個人的自我，也沒有全體的自我，而是要把執著的自我解開、拋棄，禪宗稱它為開悟。

禪首先是肯定自我，然後再超越自我。肯定自我就是要盡自己的責任，超越自我則不只是當盡自己的責任和義務，還要不要求回報。

聖嚴法師接著又說明中國禪宗和印度禪定修行的不同點。他指出，印度禪定首先要有打坐的姿勢，然後把自己的意念集中到方法上，有的持咒，有的觀想，使自己的意念集中不散亂，和宇宙統一，如能達到自己和宇宙合而為一，是一種極大的享受。可是，正在用這種方法修行體驗進入禪定（三摩地）時，固然是極大的享受，但是出了三摩地時，「我」的累贅還是存在。

中國的禪宗，則主張平常的生活就是修行，不一定要打坐才是修行，而是做什麼事都是禪修的過程，所以在日常生活中，行、住、坐、臥四大威儀，就是修行。曾有一位禪宗祖師的弟子問道：「什麼是第一代祖師從印度傳過來的禪法？」祖師說：「吃、喝、拉、撒、睡就是。」弟子說：「所有的人都會吃、喝、拉、撒、睡，那所有的人都會禪法？」祖師說：「不是，因為那些人吃飯時不是吃飯，睡覺時不是睡覺。」聖嚴法師解釋道：吃飯時頭腦在做什麼？有些人吃飯時打妄想，睡覺時在做夢。

聖嚴法師又以自己作譬喻：「今早吃早餐時，主人上了好多道菜，有些菜是熟悉的，其中有一種菜我不知道叫什麼名字。不知道名字的菜是不是可以吃？吃的菜是不是一定要知道名字？若站在禪法的立場來說，有沒有名字沒關係，只要有得吃就好，吃了以後不要去想這菜味道像什麼，不要去比較。當頭腦在思考、想像這個味道像什麼時，心和嘴已在做兩樣工作，經過我們的頭腦思考、比較、想像過後，已不是在吃東西。故禪師要說，一般人吃東西時不是在吃東西。」

在敘述禪宗演變的過程中，聖嚴法師強調，禪宗成立以前，中國的禪就是印度佛教所修行的禪。所以在中國佛教，禪的方法跟印度佛教一樣。佛教的禪要離開自我，不管是主觀或客觀的自我，都要離開。如果能把身體忘掉，進一步把自我擺下，就會有無我的智慧出現。

中國的禪修者，都希望有很深的智慧，有智慧，便能得自在，有智慧就能真快樂。

禪門是智慧之門。中國的禪宗，不一定要人入定，但是要人得智慧，有的人慢慢地得到智慧，有的人很快得到智慧，故禪宗分「漸悟」和「頓悟」，有些人可用「頓」，有些人要用「漸」，就像有人生下來就在有錢人家，可是有人生下來就是乞丐，因此有些人只要給他一點暗示即能得到智慧，有些人則不然。

聖嚴法師在美國的禪中心，有一位美國青年說：「我要頓不要漸，因為我沒有時間。」法師問他要什麼？他說：「要智慧，要開悟。」法師說：「頓和漸不在我，在你自己，我已告訴了你，你能不能接受，那是你的造化。」青年希望試一試，聖嚴法師即說好，對他搖搖手，青年問道：「不行嗎？」法師說：「已經給你了，你為什麼沒有拿下來？」如果自己本身能接受「頓」，時候成熟時，老師給你一個暗示、一個手勢，都會開悟；若你時機沒有成熟，就算釋迦牟尼佛來向你解釋老半天，也是沒有用。

接著聖嚴法師又說了一個故事：有三個人在一起聊天，其中兩人是小偷，昨夜曾去偷了人家的東西。其中甲小偷用手指比了一個圓圈，乙小偷就知道是說的金戒子，所以點頭領意，第三個人卻不知道那兩個人在打著什麼啞謎。所以悟必須要互相熟悉，比一下手勢即知道，就是開悟，否則用再多的語言解釋也還是不知道。

我們的心要隨時把自我看淡一點，看輕一點，這樣煩惱就較少，煩惱少的人較能開悟。

三、煩惱與智慧

最後聖嚴法師告訴大家，如何才能放下自我：把我們的環境和我們自己當作同一件事，我們的身體是一個小的自我，我們生活的環境是一個大的自我，如果有人對你批評、破壞、侮辱，你把它當作是在山谷中，是自己講話的一種回音，或想這只是聲音而已，並沒有意義。如果很在意被批評、被破壞、被侮辱，就會生煩惱，有了煩惱就失了智慧。

所以禪宗第一代祖師菩提達摩將禪法的消息帶到中國時，雖僅頓悟一門，有些人很快開悟，有些人卻一輩子也不會開悟。不過修行總是可以減輕一些煩惱。如果沒有辦法開悟的人，就用如下的四個層次來幫助你們自己：

（一）遇到任何不如意的事，不需要問是什麼原因？相信它一定有它的原因，問了之後徒增煩惱，只要處理就好。

（二）遇到不管好的或壞的情況，不要痛苦也不要高興，因為世間的事是會變的。遇到好的事不要高興，因為它會漸漸消失；遇到壞的事不要難過，因為它會慢慢變好。

（三）世間的現象，應該是怎麼樣就是怎麼樣，不要太違背自然的現象去發展，能努力的必須努力，盡了全力仍沒辦法，就讓它去。

（四）要做一切的努力，要抱著希望。努力過程的本身就是結果，不刻意去追求結果。必須有目標，但那只是一個方向，朝著既定的方向，每走一步都是一個結果。

聖嚴法師做結語時表示，禪的目的就是增加智慧，有智慧就少煩惱，少煩惱就快樂，所以禪法讓我們生活得更愉快。

在為時兩小時的演講中，聽眾鴉雀無聲，只有偶爾夾著大家會心的笑聲。聖嚴法師深入淺出的說明，把「禪」漸漸解釋得十分清楚，而讓許多來賓感到好像已悟得了一些什麼，深覺聖嚴法師，果真名不虛傳。

（巴西《美洲華報》記者斯碧瑤報導，刊於一九九三年十一月四日該報「僑社新聞」版）

禪修指引 8

禪的世界

The World of Chan

著者　聖嚴法師
插畫　陳永模
出版　法鼓文化

總審訂　釋果毅
總監　釋果賢
總編輯　陳重光
編輯　林蒨蓉、李書儀
封面設計　黃聖文
美術編輯　Rooney Lee
地址　臺北市北投區公館路一八六號五樓
電話　02-28934646
傳真　02-28960731
網址　http://www.ddc.com.tw
E-mail　market@ddc.com.tw
讀者服務專線　02-2896-1600
初版一刷　一九九八年
四版三刷　二〇二三年八月
建議售價　新臺幣三二〇元
郵撥帳號　50013371
戶名　財團法人法鼓山文教基金會—法鼓文化
北美經銷處　紐約東初禪寺
Chan Meditation Center (New York, USA)
Tel: (718) 592-6593　E-mail: chancenter@gmail.com

法鼓文化

國家圖書館出版品預行編目資料

禪的世界 / 聖嚴法師著 . -- 四版 . -- 臺北市 :
法鼓文化 , 2018.07
面； 公分
ISBN 978-957-598-785-5(平裝)

1. 禪宗

226.65　　107008574